Wer von uns wäre wohl ganz frei von abergläubischen Bezügen zum »Siebenschläfertag« oder zu jenen »sieben Jahren Pech«, die ein zerbrochener Spiegel nach sich ziehen soll? Wer auf die Sieben achtet, wird in den unterschiedlichsten Zusammenhängen auf sie stoßen: Da gibt es die sieben Todsünden, die sieben ersten Schritte des neugeborenen Buddha oder die sieben letzten Worte Jesu am Kreuz, aber auch die sieben Zwerge, die sieben Weltwunder der Antike und das Siebener-Periodensystem. Besteht also zwischen den zahllosen Siebenerfakten und -mythen womöglich ein Zusammenhang? Reinhard Schlüter folgt der Zahlenspur durch Aberglauben, Märchen, Mythologie, Religionen bis hin zur Psychologie und zu den Naturwissenschaften – ein spannender, unterhaltsamer und kenntnisreicher Streifzug durch Epochen und Kulturen.

Reinhard Schlüter, geboren 1948, Schule und Studium in München, Publizist (u. a. ›Süddeutsche Zeitung‹, ›Psychologie Heute‹) und langjähriger Autor des Bayerischen Rundfunks. 2009 ist von ihm erschienen: ›Das Schaf im Wortpelz‹. Ein Radiofeature Schlüters zum Thema »Sieben« fand sehr große Resonanz. Der Autor lebt in Spanien und in Österreich.

Reinhard Schlüter

SIEBEN

EINE MAGISCHE
ZAHL

Mit 41 Schwarzweißabbildungen

Deutscher Taschenbuch Verlag

Ausführliche Informationen über
unsere Autoren und Bücher
finden Sie auf unserer Website
www.dtv.de

Originalausgabe 2011
© Deutscher Taschenbuch Verlag GmbH & Co. KG,
München
Das Werk ist urheberrechtlich geschützt.
Sämtliche, auch auszugsweise Verwertungen bleiben vorbehalten.
Umschlagkonzept: Balk & Brumshagen
Umschlaggestaltung: Caroline Ennemoser
Redaktion und Satz: Lektyre Verlagsbüro,
Olaf Benzinger, Germering
Druck und Bindung: Druckerei C. H. Beck, Nördlingen
Gedruckt auf säurefreiem, chlorfrei gebleichtem Papier
Printed in Germany · ISBN 978-3-423-34640-5

Inhalt

Vorwort
    Sieben – Eine magische Zahl 7

Und Drei mach gleich, so bist du reich!
    Vom besonderen Umgang mit Zahlen 13

Sieben Mal, sieben Mal – das ist unsere Zahl
    Über die Allgegenwart der Sieben 30

Es war einmal ein Vater, der hatte sieben ...
    Die Sieben in den Märchen 59

»Siebzig Mal sieben« – spricht Jesus
    Die Sieben als heilige Zahl 79

Über alle Zeiten
    Die Sieben in Kosmos, Wissenschaft und
    Philosophie 103

Sumer und die Folgen
    Vom Ur-Beginn aller Siebenmythen 121

Koloss statt Knossos?
    Zweifelhaftes und Bezweifelnswertes 135

In derselben Nacht warf die Sau sieben Junge
  Die Sieben ist in den Mythen nicht
  allgegenwärtig 150

Hinaus zu den Sternen
  Schamanen und Nagelstern 168

Zu guter Letzt
  Das kleine und das große »Aber« 181

Literaturverzeichnis 189
Dank 196
Bildnachweis 197
Stichwortverzeichnis 198

Vorwort

Sieben – Eine magische Zahl

Wer wäre wohl ganz frei von abergläubischen Bezügen zum Siebenschläfertag oder jenen sieben Jahren Pech, die ein zerbrochener Spiegel angeblich nach sich zieht? Abgesehen von den Siebensachen, die jemand packt, dessen Beziehung im verflixten siebenten Jahr gescheitert ist, und das, während die Zeit in Siebenmeilenstiefeln durch die sieben Tage der Woche eilt. Dass sich die eine oder der andere beim Ausfüllen der sieben Mal sieben Zahlenreihen eines Lottoscheins – samt Spiel 77 – mindestens sieben fette Jahre erhofft, steht indes auf einem anderen Blatt, ebenso die Frage, warum der Sender ProSieben nicht ProSechs heißt, James Bond nicht 008 und der siebte Sinn dem gleichfalls nicht nachweisbaren sechsten Sinn immer mehr den Rang abläuft. Auch mit der Frage, ob dies möglicherweise an den sieben Gesichtsöffnungen liegt, durch die wir die Welt wahrnehmen, haben wir das Buch mit den sieben Siegeln allenfalls leicht geöffnet.

Um dieses Buch ganz aufzuschlagen, müssen wir zunächst eine wahre Horde mythologischer »Schwellenhüter« passieren, von den sieben Samurai bis zur siebenköpfigen Hydra, angesichts derer den sieben Zwergen vermutlich die sieben Löffelchen aus der Hand plumpsen. Doch was ist das alles gegen die sieben Todsünden, die sieben ersten Schritte des neugeborenen Buddha und die sieben letzten Worte Jesu am Kreuz, die sieben Himmel des Islam, die siebenarmige Menora des Judentums, die sieben Chakras im Hinduismus und den siebenjährigen Hochwasserzyklus des Nil? Welcher Zusammenhang besteht zwischen den zahllosen Siebenerfakten und -mythen? Haben die sieben Zacken in der Krone der New Yorker Freiheitsstatue womöglich einen Bezug zu den sieben Weltwundern der Antike?

Wem sich bei alledem die Nackenhaare sträuben, der mag dies dem Umstand zurechnen, dass sie von genau sieben Nackenwirbel gestützt werden. Verharren wir also kurz unter den sieben Farben des Regenbogens, lauschen wir der Musik aus sieben Ganztonschritten bestehender Tonleitern, tupfen etwas Speichel (= pH-Wert 7) auf die heiße Stirn und fragen, warum die meisten Schulkinder – so sie nicht siebengescheit sind und den Effekt bereits kennen – auf die Bitte, spontan eine Zahl zwischen drei und elf zu bestimmen, unfehlbar die Sieben nennen …?

Die Sieben! Keine andere Zahl, kein Symbol kommt ihr an Mystik gleich, keine Weltreligion und keine Hochkultur, in deren Mythologie die Sieben nicht einen bedeutenden Platz hat. Glaube, Aberglaube und Lebensbezüge, die seit mehr als 6000 Jahren wirken und die sich im neuen Jahrtausend immer noch zu verstärken scheinen, nehmen Bezug auf diese Zahl – von Windows 7 bis zur neuerdings siebenjährigen Garantie beim Automobilkauf, von siebenköpfigen Höchstgerichten bis zu siebenjährigen Präsidialamtszeiten, von siebenbezogenen Manga- und Anime-Welterfolgen bis zu ebensolchen Videospiel-Top-Sellern, von Hollywood-Schockern bis zum siebenbändigen Harry-Potter-Zyklus samt zahlreichen Romanen und Sachbüchern, die sämtlich die »Sieben«, die »Seven«, die »Sept«, die »Siete« oder die »Shichi« im Titel tragen, ohne dass sich darunter nur ein einziges Werk findet, das uns dem Ursprung dieser rätselhaften Mystik näherbringt.

Dabei mangelt es seit jeher weder an staunenden Statements noch an klugen Aufsätzen zur immerfrischen Omnipräsenz dieser nur scheinbar sperrigen Primzahl. So korrespondiert etwa der Befund des römischen Parlamentariers Cicero, die Sieben sei *der Knoten so ziemlich aller Dinge*, mit zahlenmagischen Mirakeln wie jenem, dass die Sieben als Quotient ganzer Zahlen stets die sich unendlich wiederholende Zahlenfolge 142857 hinter dem Komma erzeugt. Beispiele:

1 : 7 = 0,142857142857...
13 : 7 = 1,857142857142857...
2356 : 7 = 336,57142857142857...

Daneben ließen sich Baumeister und Architekten unterschiedlicher Epochen durch die Unmöglichkeit, mittels Lineal und Zirkel ein regelmäßiges Siebeneck zu konstruieren, mitnichten am Bau zahlloser siebeneckiger Mausoleen oder Grabkapellen hindern. Besonders setzte sich die Sieben in der Medizin in Szene, verfasste doch etwa der Urvater der abendländischen Medizin, Hippokrates, akkurat sieben medizintheoretische Werke zur Bekämpfung von Epidemien, während er Unfruchtbarkeit mittels sieben in altem Wein aufgelösten Efeukörnern zu behandeln pflegte. Dass das hippokratische Credo: *Die Zahl Sieben neigt dazu, alle Dinge ins Sein zu bringen*, Jahrhunderte später auch bei römischen Geistesgrößen wie dem Stoiker Seneca Widerhall fand (*jedes siebte Jahr drückt seinem Zeitalter seinen Stempel auf*), lag allerdings weniger an der Nachhaltigkeit der hippokratischen Heilmethoden als daran, dass sich die magisch-mystische Sieben inzwischen gleichsam flächenbrandartig über die zivilisierte Welt ausgebreitet hatte. Egal ob man sich als Jude dem einzigen Gott Jahwe verbunden fühlte oder als Hindu der Trinität Brahma, Vishnu und Shiva, ob man sich zu Jesus Christus bekannte oder – wie der Großteil des römischen Establishments – nach wie vor in den Mithras-Mysterien Erlösung suchte, ob man sich als Chinese an die konfuzianische Staatsräson hielt oder als Agnostiker der hellenischen Geisteskultur zuneigte: Hätte man auf dieser Erde nicht schon immer eher das Trennende als das Einigende im Blick gehabt, hätte man sich in der Antike wie in allen späteren Epochen mühelos über Kultur- und Sprachgrenzen hinweg auf jenen gemeinsamen Nenner verständigen können: Die Sieben drückte sich in Indiens sieben göttlichen Rishis ebenso aus wie in den siebenstufigen Zikkurats Babylons oder den sieben Broten, mit denen Jesus die viertausend speiste; wir finden sie im siebenmaligen Umrunden des Bodhi-Baumes durch den leibhaftigen Buddha ähnlich wie in den sieben Himmeln Mesopotamiens, in den sieben Kurfürstentümern des Heiligen Römischen Kaiserreichs, der siebenbändigen ›Anglo Saxon Chronicle‹, den zahllosen »Septemviraten« oder – warum nicht? – bei den »sieben Geißlein«.

Wieso gerade die Sieben? Warum läuft diese Zahl in Sachen Magie allen übrigen Zahlen so deutlich den Rang ab, obwohl doch aller guten Dinge bekanntlich drei sind, man vier Himmelsrichtungen unterscheidet und jedes Kind an den fünf Fingern zu zählen lernt. Trotz Würfel-Sechs, chinesischer Glücksacht, globaler Dezimalsysteme, zwölfmonatiger Jahreszyklen und ubiquitärer Dreizehn-Furcht dominiert die Sieben.

Womöglich wäre diese Frage leichter zu beantworten, hätten wir es dabei von Anbeginn an mit einem weltweiten Phänomen zu tun, doch davon kann mitnichten die Rede sein. So war die Sieben etwa in Australien und Ozeanien, in weiten Teilen Südamerikas und Afrikas sowie in einigen europäischen Regionen ursprünglich eine Zahl wie jede andere, sie existierte bei den Mayas – um nur ein Beispiel zu nennen – nicht einmal als eigenständige Glyphe, sondern führte als »2 + 5« eine vergleichsweise traurige Randexistenz.

Warum, wann und wo nahm die Siebenmagie also ihren Ausgang, wie kam es zu ihrer globalen Ausbreitung und was verleiht dieser Zahl jene Kraft, um sich von Epoche zu Epoche mit immer neuer Frische zu präsentieren? Vielleicht bestätigt sich die Annahme C. G. Jungs, dass die magisch-mystische Sieben dem *kollektiven Unbewussten* zuzuordnen sei, oder vielleicht bewahrheitet sich die Behauptung mancher Psychologen, dass unser Kurzzeitgedächtnis mittels sieben Speicherkanäle funktioniere. Womöglich aber strahlt am Ende gar der von den meisten Kulturforschern angenommene mesopotamische »Sieben-Urknall« des vierten vorchristlichen Jahrtausends bis ins dritte nachchristliche Jahrtausend aus.

Diesen und weiteren Fragen rund um die magische Sieben wollen wir im Rahmen dieses Buches nachgehen und Bezüge sammeln, die uns bewusst oder unbewusst immer wieder zur Sieben führen – und das zu einem Zeitpunkt, an dem die Erdbevölkerung die Sieben-Milliarden-Schwelle überschreitet (laut UNO-Schätzung wird dies Anfang 2012 der Fall sein).

Was zunächst nur Interesse und Neugierde war, entwickelte sich zu einer Art kulturgeschichtlichem »Parforce-Ritt«, bei dem die gehirnphysiologischen Wurzeln des Aberglaubens ebenso zum Thema werden wie die erstaunliche Haltbarkeit überkommener Mythen, die eiszeitlichen Wanderbewegungen ebenso wie die gemeinsamen Urgründe scheinbar unterschiedlicher religiöser Motive sowie – last but not least – die Frage, welchem Umstand die Welt ein Getränk mit dem Namen »SevenUp« verdankt.

Mit unvergleichbarer Symbolik führt uns die Sieben vor Augen, wie sehr in dieser Welt – mittelbar oder unmittelbar – eines mit dem anderen zusammenhängt und in welch hohem Maß Menschen unterschiedlichster Kulturen aus den gleichen archaischen Quellen schöpfen. Grund genug, dem müden Seufzer von Goethes ach so vielstudiertem Doktor Faust, *die Zeiten der Vergangenheit sind uns ein Buch mit sieben Siegeln,* eine Absage zu erteilen und uns stattdessen an die Erkenntnis des mit Symbolen jedweder Art bestens vertrauten Philosophen Paul Ricœur zu halten: *Kein Mensch kann wissen, in welcher Zeit er lebt, der nicht in die Erinnerung hinabsteigt, um eine Verbindung zwischen Tradition & Fortschritt herzustellen.*

Im Herbst 2010
Reinhard Schlüter

Und Drei mach gleich, so bist du reich!

Vom besonderen Umgang mit Zahlen

Wenn ein bestimmtes Datum schon Monate zuvor ins öffentliche Bewusstsein rückt, handelt es sich in der Regel entweder um Weihnachten, die Eröffnung einer Fußballweltmeisterschaft oder den Beginn der großen Schulferien. Nicht so im Jahr 2007: Das Ereignis, das damals seine Schatten schon früh vorauswarf, war genau genommen das Datum selbst. Die Rede ist vom 7. Juli 2007, beziehungsweise vom 07.07.07, um die kalendarische Besonderheit zu verdeutlichen. Schon im April ließ die Schweizer Nachrichtenagentur SDA verlauten, womit die Welt an diesem Tag zu rechnen habe: »Hochzeitsdatum 07.07.07 schon ausgebucht.« Der Kern der Meldung: Alle 32 Heiratstermine, die das Zivilstandesamt Zürich für das »Schnapszahlen«-Datum zu vergeben hatte, waren bereits nach einer Stunde vergeben. So musste sich die Welt denn auch keine Sorgen darum machen, womit die Boulevardmedien drei Monate später das mediale Sommerloch füllen würden: »Hochzeitstag 07.07.07 lässt Standesämter überlaufen«, kündeten am Stichtag erwartungsgemäß die einen. »Auf Wolke sieben in den siebten Himmel«, assoziierten nicht minder unerwartet die nächsten, während wiederum andere tags darauf »das Ereignis im Ereignis« suchten und fanden: »Tod beim Hochzeits-Marathon – In Darmstadt hat ein Standesbeamter den Trauungs-Marathon nicht überlebt.«

Tatsächlich gaben sich an diesem Samstag an ungezählten Orten der Welt mehr Paare das Jawort als je zuvor in der Geschichte. So schnellte etwa die Zahl der Hochzeiten in Bayern, um ein augenfälliges Beispiel zu nennen, auf das 17-Fache des üblichen Tagesschnitts. Dabei waren »Schnapszahlen«-Hochzeiten erst mit Beginn des neuen Jahrtausends so richtig in Mode gekommen – bot sich doch nach den Elf-Jahres-Sprüngen des vorangegangenen Jahrhunderts (6.6.66 oder 7.7.77 und so weiter) mit einem Mal jährlich die Chance, einen persönlichen numerischen Bezug zum erhofften Glück herzustellen – angefangen am 02.02.02 (der 01.01.01 war bekanntlich ein Feiertag) über den 03.03.03 bis hin zum Boom-Datum 07.07.07.

Dass es gerade 2007 so viele Eheschließungen waren, verführte Kommentatoren prompt zu der Analyse, dass die

---

Der 25. April 1984 war ein besonderes Datum in der deutschen Lotteriegeschichte. Statt des zu erwartenden Millionenbetrags erbrachte die Ausschüttung für »Sechs Richtige« an diesem Mittwochabend ganze 16 907 DM. Der Grund: 69 Mitspieler hatten dieselben »richtigen« Zahlen 1 – 3 – 5 – 9 – 12 – 25 getippt und mussten sich die auf den ersten Rang entfallene Summe teilen. Laut Lotto-Experten schlug dabei die Gewohnheit vieler Lottospieler zu Buche, die sechs Felder mit sogenannten »Glückszahlen« oder »Geburtstagszahlen« zu füllen. Demnach werden Zahlen zwischen 1 und 12 beziehungsweise zwischen 1 und 30 bevorzugt – mit dem Resultat niedriger Quoten, falls die gezogenen Zahlen wie an jenem Mittwoch in diesem Bereich liegen. Dass umgekehrt viele Lottospieler »Pechzahlen« wie die 13 meiden, sollte sich indes à la longue rechtfertigen. Zwar war die 13 am 9. Oktober 1955 die erste gezogene Lottozahl überhaupt, doch seither hinkt sie hinter den übrigen Zahlen recht deutlich hinterher. Ewiger Spitzenreiter ist die 49 – jene Zahl also, die man erhält, wenn man die Sieben mit sich selbst multipliziert.

Sieben laut traditioneller Zahlensymbolik eine ruhige, glückliche Ehe verheiße, während andere, wie der Berliner Theologie-Professor Rüdiger Liwak, darauf verwiesen, dass die Sieben seit Jahrtausenden für die göttliche Ordnung stehe. Erklärungen, die sich schon ein Jahr später als buchstäblich »gestrig« erwiesen. Wurde doch der 2007er-Heiratsrekord am 08.08.2008, dem Eröffnungsdatum der Olympischen Spiele in Peking, erneut getoppt.

Glückszahlen – Schicksalszahlen – Unglückszahlen. Kaum eine Kultur, kaum ein Individuum scheint von diesem Einfluss frei! Welches Kind hätte nicht seine »Lieblingszahl« – egal ob es sich dabei um den eigenen Geburtstag oder die Rückennummer des jeweils angesagten Lieblingsfußballstars handelt? Welcher Lottospieler orientierte sich beim Ausfüllen der 7 x 7-Zahlenreihen nicht an bestimmten, stets gleichen »Favoriten« – ungeachtet der ein ums andere Mal abweichenden Ziehungsergebnisse.

Dass es bei alledem nicht entfernt so rational zugeht wie bei der Erfassung von Daten, Beiträgen, Zeiteinheiten, Mengen, Maßen, Wachstumsraten, Gewinnen oder Verlusten, zeigen besonders jene »Glücks«- oder »Unglückszahlen«, die das kollektive Bewusstsein ganzer Kulturen prägen. So wird etwa die Frage, was Chinesen massenweise dazu treibt, Handy-, Haus- oder Autonummern mit möglichst vielen Achten zu ergattern, weniger vom »achtfachen Pfad« der in China meistverbreiteten Religion – des Buddhismus – bestimmt als von der Lautähnlichkeit zwischen dem chinesischen Zahlwort »ba« (= 8) und dem Adverb »fa« (= voran). Noch lautverwandter sind im Chinesischen die Wörter »sì« (= 4) und »sǐ« (= Tod). Grund genug für ungezählte Chinesen, die Zahl Vier wie die Pest zu meiden. Und nicht nur für Chinesen. Auch in anderen asiatischen Staaten – wie etwa in Korea oder Japan – deutet das »Fehlen« des vierten Stocks in Hochhäusern, der vierten Sitzreihe in Flugzeugen oder des

Zimmers Nummer vier in Hotels und Krankenhäusern auf die nämliche Zahlenphobie hin.

Es ist dies ein Phänomen, dem in westlich geprägten Ländern bekanntlich der Umgang mit der »Unglückszahl 13« entspricht. Wie tief das derartige Unbehagen sogar in multimedial perfekt vernetzten und damit scheinbar höchst aufgeklärten Kulturen wirkt, mag eine Meldung veranschaulichen, mit der die Nachrichtenagentur Reuters am Freitag, dem 13. März 2009 die deutschen Arbeitgeber schreckte: An diesem Tag seien in Deutschland vermutlich drei bis fünf Mal so viele Arbeitnehmer krankgemeldet wie an normalen Freitagen.

Der Hintergrund: Eine Krankenkasse hatte die Krankmeldungen der vorangegangenen drei Jahre ausgewertet und war dabei auf besagten Ausreißer gestoßen. Um die Brisanz der Meldung zu verdeutlichen, wurde die Hochrechnung auf die gesamte deutsche Arbeitnehmerschaft gleich mitgeliefert. Sie besagt, dass an jedem Freitag dem 13. rund eine Million deutsche Beschäftigte lieber zu Hause – wenn nicht gar im Bett – bleiben, als sich den jenseits der eigenen Haustür lauernden Gefahren zu überantworten. Woher auch immer jene »Triskaidekaphobie« (griechisch: Dreizehn-Furcht) rührt – ob aus dem Mittelalter, als »der Dreizehnte« gleichsam synonym für den Teufel stand, ob vom Tarot, wo die 13 als »La Mort« (= der Tod) gilt, oder ob dafür nach wie vor der Umstand verantwortlich ist, dass vor knapp 2000 Jahren der 13. Teilnehmer am biblischen Abendmahl, Judas, Verrat und Unglück über seinen Herrn brachte –, ist nicht letztgültig geklärt.

Umso erstaunlicher ist, dass ausgerechnet im katholischen Italien – jenem Land also, wo man sich mittels Heiligenbildern, Amuletten, »Corni« und anderen käuflichen Glücksbringern wie sonst kaum irgendwo gegen »böse Blicke« und alle möglichen Fährnisse zu wappnen pflegt – die 13 beinahe eine Zahl wie jede andere ist. Dafür bereitet Italienern eine andere Zahl umso mehr Unbehagen: die 17.

Den Anstoß dazu verdanken die Bewohner der Apenninen-Halbinsel unter anderem einem namentlich nicht bekannten mittelalterlichen Mystiker, der die römischen Ziffern XVII (= 17) eines Tages so umgruppierte, dass daraus das lateinische Wort VIXI wurde – übersetzt: »Ich habe gelebt« – sprich: »Ich bin tot.« So paradox diese Aussage auch sein mag, an der nachhaltigen Wirksamkeit dieses mystischen Anagramms wie auch aller anderen »bösen Zahlen« vermag offenbar keine Logik zu kratzen. Dass für italienische Hochhäuser, Krankenhäuser und Hotels bezüglich der 17 Ähnliches gilt wie andernorts bezüglich der 13 oder der Vier, und dass gar der französische Autobauer Renault sein Modell R17 in Italien einst als R177 vertrieb, sei daher nurmehr am Rande erwähnt.

Seit tausenden Jahren erliegen die Menschen immer wieder der »Magie« der Zahlen, neigen viele von ihnen dazu, Ereignisse oder Nichtereignisse mit besonderen »Schicksalszahlen« zu verknüpfen. Manch solche Verknüpfung lag buchstäblich auf der Hand – respektive an deren fünf Fingern. Auch verschafften die vier Mondphasen beziehungsweise deren siebentägiger Wechsel der Vier und der Sieben schon früh besondere Aufmerksamkeit. Hier wie bei vielen weiteren Zahlen war offenbar schon früh jener mathematische Urtrieb wirksam, von dem der Naturwissenschaftler Willy Hartner in seiner Publikation ›Zahlen und Zahlensysteme bei Primitiv- und Hochkulturen‹ spricht und den die US-Neurologen Dimitrios Kapogiannis und Jordan Grafman aktuell bestätigen: »Das Gehirn ist geradezu zwanghaft darin, nach Erklärungen zu suchen!« Da es nun aber unmöglich sei, so die Wissenschaftler weiter, sämtliche Ereignisse und Nichtereignisse rationalen Ursachen zuzuordnen, neige unser Gehirn dazu, Rationales mit Nichtrationalem zu verknüpfen und in letzter Konsequenz auf Übernatürliches zu vertrauen.

Dieser Makel wäre möglicherweise zu verschmerzen, litte unser Gehirn nicht an jener zusätzlichen physiologischen Beschränkung, die die Psychologin Anita Riess in dem Buch ›Psychologie der Zahl‹ so beschreibt: *Unsere natürlichen Fähigkeiten für die mengenmäßige Erfassung sind ... denen der Tiere, wenn überhaupt, kaum überlegen ... Obgleich der Mensch mit Hilfe von Symbolen unfehlbar genau mit Hunderten, sogar Millionen von Einzelheiten fertigwerden kann, ist er nicht fähig, genau zwischen Gruppen von mehr als sechs Einheiten zu unterscheiden, ohne dabei zu zählen.*

Um mit dem erwähnten »Erklärungsdrang« Schritt zu halten, bedient sich unser Gehirn also passender Symbole – allen voran Zahlen, Zeichen und Formeln. Warum – so mag sich mancher Theologe, Mystiker oder Philosoph schon früh gefragt haben – sollten etwa Zahlen, die bei der Bestimmung von Daten, Maßen und Abgaben so verlässliche Dienste leisten, nicht auch bei den essenziellen Menschheitsfragen Hilfe bieten? Etwa den Fragen nach dem Woher und Wohin oder nach unserer Bestimmung. Oder – im Sinne jenes neurologischen Erklärungsdrangs gefragt: Warum sollten Zahlen nicht dabei helfen, das Unerklärliche erklärbar zu machen?

Tatsächlich bildeten sich im vorchristlichen Griechenland schon früh regelrechte Denkfabriken heraus, die nach entsprechend mathematisch-metaphysischen Antworten suchten – allen voran die »Pythagoräer« (nach dem griechischen Philosophen Pythagoras). Ähnlich verfuhren die »Orphiker« (nach dem mythischen Helden Orpheus) und die »Gnostiker« (von griechisch gnosis = [Er-]Kenntnis). Dennoch sollte sich kaum ein Zahlenbezug der griechischen Antike als so nachhaltig erweisen wie der des griechischen Naturphilosophen Empedokles im fünften vorchristlichen Jahrhundert. Er formulierte die Lehre von den vier Elementen Erde, Wasser, Luft und Feuer.

Beflügelt von dem Umstand, dass sich auch die Himmelsrichtungen offenbar an der Zahl Vier orientierten, stand für viele altgriechische Geistesgrößen außer Frage, dass sich auch die sonstigen Fragen des Lebens mit der tetralogischen (griechisch: tétartos = Viertel, vierte) »Weltformel« beantworten ließen. Als besonders lebensfähig sollte sich dabei die »Viersäftelehre« des ägäischen Wanderarztes Hippokrates erweisen, der zufolge unser Körperinneres sich im Wesentlichen aus den vier Säften Blut, Schleim, schwarzer und gelber Galle zusammensetzt. Diese Anschauung wäre vermutlich bald in Vergessenheit geraten, hätte sie nicht der griechische Heilkundige Galenus medizintheoretisch untermauert und damit gleichsam bis an die Schwelle zur Moderne fortgeschrieben – abgeleitete Stichwörter wären beispielsweise Aderlass und die Viertemperamentelehre.

Andere Vordenker der Antike – allen voran Aristoteles und Platon – dachten sich zu den vier weltlichen Elementen noch das spirituelle Element »Äther« beziehungsweise »Pneuma« (= Geist) dazu und gaben damit der Fünf in Europa, Nordafrika und Kleinasien ähnlich spirituelles Ge-

Empedokles, Nürnberger Chronik von Hartmann Schedel, 1493

wicht wie sie es in Ostasien längst hatte. So hatten etwa die »Fünf Klassiker« des Konfuzianismus den Chinesen schon Jahrhunderte zuvor die gemeinsame Denkrichtung vorgegeben. Dass es daneben in Wahrheit nicht vier, sondern fünf Himmelsrichtungen gebe, wobei die fünfte keineswegs »als fünftes Rad am Wagen«, sondern – weil im Zentrum gelegen – sogar als die zentrale und somit wesentliche anzusehen sei, galt im »Reich der Mitte« als ebenso unumstritten wie die Annahme, dass man auf der Erde nicht etwa vier, sondern

---

Den wohl bekanntesten aktuellen Bezug zur Zahl Fünf bietet das Gebäude des US-Verteidigungsministeriums – wegen seines Gebäudegrundrisses Pentagon (griechisch: Fünfeck) genannt. Dass es ausgerechnet fünf Ecken sind, hat allerdings nicht das Geringste mit der Wirkung des Pentagramms zur Abwehr des Bösen zu tun – auch wenn US-Präsidenten wie Reagan und Bush jr. sich gelegentlich ebenjenem Kampf verpflichtet fühlten. Auch subversive »fünfte Kolonnen« waren an der Fünfeck-Architektur unschuldig. Und dass das Gebäude dereinst jahrzehntelang als fünftgrößtes Gebäude der Welt gelistet werden sollte, war während der Entwurfsphase im Jahr 1941 nicht einmal zu ahnen. Der tatsächliche Grund für das Fünfeck war so lapidar wie nachvollziehbar: Das für den Bau vorgesehene Washingtoner Grundstück mit der Bezeichnung Arlington Farms wurde von fünf Straßenzügen derart eng umsäumt, dass sich der Gebäudegrundriss beinahe zwangsläufig ergab. Indessen sollte es nicht bei dem vorgesehenen Standort bleiben. Wenige Wochen vor Baubeginn wurde US-Präsident Franklin D. Roosevelt darauf hingewiesen, dass durch den fünfgeschossigen Gebäudekomplex der Blick von Washington auf den Nationalfriedhof Arlington beeinträchtigt würde. Die Konsequenz: Man suchte und fand ein passendes Ersatzgrundstück in nächster Nähe. Dass es dort keine einengenden Straßenzüge mehr gab, hinderte die Verantwortlichen nicht mehr daran, bei der Bauausführung der alten Fünfeck-Planung zu folgen.

fünf Elemente zu unterscheiden habe (gemeint waren: Holz, Feuer, Wasser, Erde und Metall) – desgleichen fünf Farben, fünf Gerüche oder fünf Geschmacksrichtungen, um nur einige zu nennen.

Einen mystischen – sprich: heiligen – Bezug erfuhr die Zahl Fünf schließlich im Wirkungsbereich der drei abrahamitischen Weltreligionen. Hatten schon die fünf Bücher Mose der Fünf Gewicht verliehen, so wurde deren mystische Bedeutung im frühen Mittelalter durch das bereits erwähnte Pentagramm zur Abwehr des Teufels gesteigert. Zu höchsten religiösen Ehren gelangte die Fünf schließlich im Islam, wo durch die »fünf Säulen« die Grundpflichten jedes Muslim festgelegt sind, darunter das tägliche fünfmalige Gebet.

Wie im Islam waren es auch im frühen Christentum und im Judentum vor allem die Theologen und Exegeten (von griechisch exegesis = Auslegung, Erläuterung) des frühen Mittelalters, die ihrer jeweiligen Heiligen Schrift mit Hilfe

Das Pentagon

numerischer Verknüpfungen und Interpretationen zusätzliches Gewicht zu geben trachteten.

Am weitesten gingen dabei wohl die jüdischen Kabbalisten (vom hebräischen Wortstamm q-b-l = Überlieferung, Übernahme und Weiterleitung). Nicht nur verliehen die Kabbalisten den Zahlen von eins bis zehn mystisches Gewicht, indem sie das »Ur-Eine« der Schöpfung in zehn Sephiroth (von safar = Zahl) unterteilten. Auch die Zahlen 11 bis 22 kamen zu Ehren, indem man jede dieser Zahlen sowohl mit besagten zehn Sephiroth als auch mit den 22 hebräischen Buchstaben verknüpfte, welche man nach Belieben in die entsprechenden Zahlen »übersetzen« beziehungsweise »rückübersetzen« konnte.

Dass sich auf solche und ähnliche Weise sämtliche Passagen der Heiligen Schrift zahlenmystisch interpretieren ließen, ermunterte christliche Gnostiker und islamische Exegeten, in ihren Religionen ähnlich zu verfahren. Trotz derartiger Bezüge, trotz theologischer Auslegungen und schein-

Pentagramm

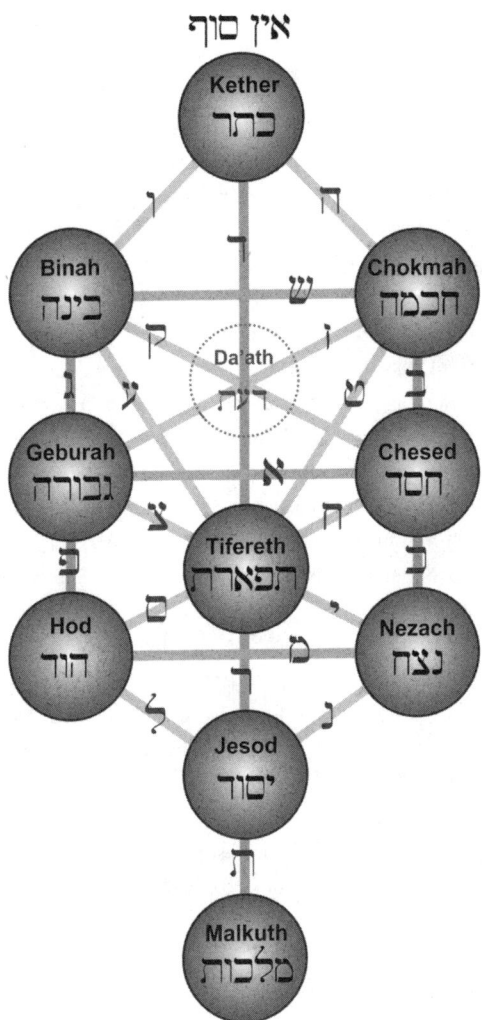

Die zehn Sephiroth mit den 22 Buchstabenverknüpfungen im kabbalistischen Lebensbaum

bar lückenloser Interpretation der Heiligen Schriften blieben die Religionen den Gläubigen jene Gewissheiten schuldig, die vielen Menschen seit jeher am meisten auf den Nägeln brennen: allen voran die Frage nach dem persönlichen Schicksal und wie man Letzteres möglichst günstig beeinflussen könne. So war es nur eine Frage der Zeit, bis sich auch abseits der Religionen Fachleute fanden, die sich in der Tradition vorchristlicher Orakel mit Hilfe der Zahlen um ebendiese Antworten bemühten. Die Technik, die jene Numerologen (von lateinisch numerus = Zahl und griechisch

---

Nüchtern betrachtet lässt sich der elementare Unterschied zwischen dem mathematischen und dem metaphysischen Ansatz im Umgang mit Zahlen so beschreiben: Während Naturwissenschaftler aus beobachteten und gemessenen Phänomenen bestimmte Zahlenwerte errechnen, geben Numerologen, Zahlenmystiker & Co. den Zahlen einen »Wert an sich« – und verkehren damit gleichsam Ursache und Wirkung. Wie dies in der numerologischen Praxis funktioniert, verrät ein Skript für Numerologie-Seminarteilnehmer (Quelle: TOKO Zeitkompass) am Beispiel Konrad Adenauers: So ergibt sich aus dem Geburtsdatum des deutschen Altkanzlers (5.1.1876) durch Addition (= 28) und Quersummenbildung zunächst die »Hauptcharakterzahl« 10. Ein Wert, der für sich gesehen bedeutungslos wäre, hätte nicht ein gewisser Herbert Reichstein der Zahl 10 einst die Bedeutung »Wechsel des Glücks« zugewiesen. Dieser kommt zwar bekanntlich im Leben jedes Menschen hin und wieder zum Tragen, besonders aber wohl bei jenen, aus deren Geburtsdatum sich die Zahl 10 ableiten lässt.

Als Nächstes werden nun den Buchstaben K O N R A D A D E N A U E R die jeweiligen Zahlenwerte 11, 16, 14, 20, 1, 4 – 1, 4, 5, 14, 1, 6, 5, 20 zugewiesen. Nach Addition, Quersummenbildung und anschließender »Kabbalisierung« wird nun die Individual- oder Karmazahl 14 ermittelt: Diese kann zwar auch »Aktivität« oder »Einschränkung« bedeuten – der Analyst entscheidet sich jedoch für die dritte Alterna-

lógos = Wort, Sinn) dabei anwandten – und bis heute anwenden –, folgt dem kabbalistischen Prinzip. Auch hier geht es um Verknüpfungen von Buchstaben und 22 (beziehungsweise 23) Zahlen. Das Ergebnis ist davon abhängig, welche Bedeutung jeder Zahl von den Numerologen zugewiesen wurde, dabei öffnet die Mehrfachbelegung einzelner Zahlen der Interpretation Tür und Tor.

Blieben noch jene Zahlen zu erwähnen, die weniger wegen »numerologischer« als vielmehr wegen ihrer numerischen Qualitäten besondere Beachtung genießen, allen voran die

tive: »Selbstzucht«. Weiter geht es mit der »Lebenszielzahl« 17 mit den Interpretations-Varianten »Wahrheit«, »Glaube« und »Hoffnung« sowie den »Wegzahlen« 5, 9, 1 und 2 (= Religion, Heilung, Weisheit, Wille, Wissen). Solche oder ähnliche Aufschlüsse hätte man mühelos auch aus jeder beliebigen Kurzbiografie Adenauers ableiten können. Fazit: Wer mit den Mitteln der Deutung und Interpretation in der Form arbeitet, dass er Passendes betont und Nicht-Passendes ignoriert, könnte sich im Prinzip ebenso mit dem »Hexen-Einmaleins« aus Goethes ›Faust‹ behelfen:

Du mußt verstehn!
Aus Eins mach Zehn,
Und Zwei laß gehn,
Und Drei mach gleich,
So bist du reich.
Verlier die Vier!
Aus Fünf und Sechs,
So sagt die Hex,
Mach Sieben und Acht,
So ist's vollbracht:
Und Neun ist Eins,
Und Zehn ist keins.
Das ist das Hexen-Einmaleins!

sogenannten »vollkommenen« Zahlen. So gilt etwa die Sechs als vollkommen, weil ihre Additoren 1 + 2 + 3 dieselbe Summe ergeben wie die nämlichen Multiplikatoren 1 x 2 x 3. Die Zehn, weil sie die Summe der ersten vier natürlichen Zahlen bildet. Die »Mondmonatszahl« 28, weil sie zugleich die Summe der Wochentage eins bis sieben repräsentiert. Der Vier kommt neben ihrer tetralogischen Bedeutung zugute, dass sie die erste aller Quadratzahlen ist. Bei der Neun zeigte sich, dass alle Produkte der Neun (zum Beispiel 6 x 9 = 54, 12 x 9 = 108) die Neun als Quersumme haben. Bei der Zahl Fünf fügte sich zur metaphysischen Bedeutung die Besonderheit, dass alle Potenzen dieser Zahl ($5^\approx = 25$, $5\Delta = 125$ usw.) auf fünf enden. Vergleichbares gilt auch für die Sechs ($6^\approx = 36$, $6\Delta = 216$ usw.).

Der Hälfte aller Zahlen gereichte allein der Umstand zur Ehre, dass sie ungerade waren. So mutmaßte beispielsweise der römische Dichter Vergil: *Numero deus impare gaudet – Gott erfreut sich an der ungeraden Zahl*. Und William Shakespeare textete: *There is luck in odd numbers – Ungerade Zahlen bringen Glück*. Eine Einschätzung, die offenbar seit jeher von vielen Menschen geteilt wird, so man vom Sonderstatus der 13 oder der 17 absieht. So lässt sich etwa der Brauch, möglichst eine ungerade Zahl von Blumen zu schenken, auf ebendiese »Magie« zurückführen.

Man könnte beliebig lange fortfahren mit Beispielen aus der Zahlenmagie – von den buchstäblich magischen Quadraten zu jenem betörenden persischen Liebesgedicht:

Die zehn Freunde von den neun Sphären und den acht Paradiesen
und die sieben Sterne von den sechs Richtungen
schreiben diesen Brief:
Unter den fünf Sinnen und vier Elementen und drei Seelen
hat Gott in beiden Welten
kein einziges Idol wie Dich geschaffen.

Auch zahlreiche Abzählreime, von denen jener von den ›Zehn kleinen Negerlein‹, wenn nicht der ersprießlichste, so doch wohl der bekannteste ist, drängen sich in den Sinn.

Angesichts derart geballter Bedeutungsschwere wird verständlich, warum manche Zahlen auch in den Redensarten, im Volks- und im Aberglauben Platz griffen. Wo »aller guten Dinge« ganz offenbar drei sind, mag es nicht schaden, das *Amen* drei Mal zu wiederholen oder gelegentlich »drei Kreuze zu schlagen« – selbst dann, wenn man nach dem Urteil der Mitmenschen »nicht bis drei zählen kann« und sich deswegen möglicherweise als »fünftes Rad am Wagen fühlt«. Anstatt abzuwarten, bis es am Ende gar »13 schlägt«, könnte man indes einfach »fünfe gerade sein« lassen.

Und dennoch: Weder die magische Drei noch die magische Fünf oder die asiatische Unglückszahl Vier, auch nicht die Pechzahlen 13 beziehungsweise 17 oder die chinesische

15	10	3	6
4	5	16	9
14	11	2	7
1	8	13	12

Magisches Quadrat: links moderne Darstellung, rechts ein Detail aus Albrecht Dürer, ›Melancolia I‹. Alle Zeilen, Spalten, die Diagonalen und alle möglichen kleinen Quadrate aus jeweils vier nebeneinanderstehenden Zahlen ergeben die Summe 34, auch die paarweisen Außenziffern sowie die Eckzahlen addieren sich jeweils auf denselben Wert.

Glückszahl Acht und schon gar nicht die vollkommenen Zahlen Sechs, Zehn, Zwölf oder 28 reichen in puncto Magie, Volks- oder Aberglauben entfernt an jene Zahl heran, um die es in diesem Buch von jetzt an ausschließlich geht: die Sieben!

Wie keine andere Zahl kann die Sieben mal Gutes, mal weniger Gutes verheißen, und das fast überall auf der Welt. In Indien pflegen Braut und Bräutigam gemeinsam sieben Schritte ums Hochzeitsfeuer zu gehen. Bevor es hingegen in Schweden überhaupt zur Hochzeit kommt, sollte die Braut in spe zumindest von ihrem künftigen Bräutigam geträumt haben. Das gelingt, indem sie am Mittsommerabend sieben

---

Von allem Volksglauben rund um die Sieben ist wohl der »zerbrochene Spiegel« der mit Abstand nachhaltigste und am weitesten verbreitete. Kaum eine Kultur, kaum eine Sprache, in der dem »broken mirror«, dem »specchio rotto«, dem »miroir cassé« oder dem »espejo roto« nicht unmittelbar »sieben Jahre Pech« zugeschrieben werden – eine ebenso tief in der Geschichte wie in der menschlichen Seele wurzelnde Vorstellung, denn um nichts weniger als die Seele geht es bei besagtem Aberglauben. Stand bereits im alten Ägypten der Begriff »Spiegel« gleichbedeutend für »Leben«, so herrschte in späteren Kulturen die Vorstellung vor, der Spiegel beherberge die Seele dessen, der sich darin betrachtet. Wie anders sollte man folglich das Zerbrechen besagten Accessoires deuten, als dass dadurch ein Teil der Seele gleichfalls in Scherben fiel? Die Sieben kam vermutlich erst im Mittelalter ins Spiel, als sich die Mystik dieser Zahl im Volksglauben zu etablieren begann. Sieben Jahre, so die Annahme, brauche die Seele, um sich nach einem derartigen Unglück zu regenerieren. Die Interpretation, dass Spiegel zu jener Zeit so teuer waren, dass man sieben Jahre für ihre Anschaffung sparen musste, wurde indes erst später nachgereicht. Dagegen wusste man schon früh um die einzig wirksame Methode, sich besagte sieben Jahre Unglück vom Leib zu halten: Man musste nur die Scherben sieben Stunden unberührt liegen lassen, bevor man sie wegräumte.

unterschiedliche Blumen pflückt und unter ihr Kopfkissen legt. Der »Hexenmarkt« der bolivianischen Hauptstadt La Paz bietet die Möglichkeit, sich mittels der »sieben Erzengel« in Seifenform gegen allfälliges Ungemach zu wappnen. Im Iran steht die Sieben in besonderem – wenngleich ambivalentem – Ansehen. Wer dort etwa seinen Job im Schlendrian ausübt, steht rasch im Ruf, »die Arbeit von sieben Mollas (Geistlichen)« zu verrichten. Umso problematischer, wenn man mit einem derartigen Kollegen »durch sieben Scheffel« – sprich: entfernt – verwandt ist. Auch die Vorstellung, dass eine Katze ihre Jungen sieben Mal an einen anderen Platz trage, ist vor allem im Iran verbreitet. Dass selbige Katze über »sieben Leben« verfüge, gilt indes auch andernorts als gesichert. Wie viele andere populären Siebenbezüge rührt auch dieser Volksglaube aus dem Mittelalter – als man zudem glaubte, dass schwarze Katzen sich im Alter von sieben Jahren in Hexen verwandeln, deren Zauber, so er einen trifft, sieben Jahre wirkt. Ein schwarzes Kapitel europäischer Kulturgeschichte – denkbar fern jener Shakespeare'schen Ironie, nach der die Vertreibung des Teufels mit Hilfe »sieben böser Weiber« unfehlbar gelingt.

So mag die Sieben also von einem großen Teil der fast sieben Milliarden Menschen als positiv, wenn nicht gar als Glückszahl angesehen werden – selbst bei jenen, die nicht »im siebten Himmel« oder auf »Wolke sieben« schweben. Beinahe noch interessanter ist die Frage, warum jene Zahl, die numerologisch für Sieg, nach biblischer Exegese für Vollkommenheit steht und in schamanischen Kulten als »kosmische Zahl« angesehen wird, weltweit ebenso in Exekutive, Legislative und Judikative wirksam ist – bis hin zu den höchsten Staatsämtern!

Zufall, Mystik, Magie oder ebenfalls nur Aberglaube? Oder gibt es für die Sonderstellung dieser Zahl handfeste, historisch nachvollziehbare Gründe?

Sieben Mal, sieben Mal – das ist unsere Zahl

Über die Allgegenwart der Sieben

Es lassen sich in allen Epochen und Kulturen unschwer zahllose Volks- und Aberglaubensbezüge der Sieben finden – vom überkommenen Brauch in der hessischen Wetterau, Knaben vor deren siebentem Geburtstag nicht die Haare zu schneiden, bis zur Gewohnheit tadschikischer Nomaden, ihre Pferde mittels sieben Fruchtkapseln eines bestimmten Krautes gegen den »bösen Blick« zu schützen. Worin liegen die Gründe für diese Siebenbezüge? Oder ein anderes Beispiel: Das New Yorker Lincoln-Center und die nationale japanische Reichsbibliothek in Tokio zählen zu den weltweit bedeutendsten Kultureinrichtungen. Dabei würde man die eine (unter anderem Sitz der Metropolitan Opera und der New Yorker Philharmonie) mit der anderen (mit 9,4 Millionen Bänden die größte Bibliothek Japans) wohl kaum in einem Atemzug nennen, gliederten sich beide nicht in jeweils sieben Abteilungen. Warum gerade sieben und nicht fünf, sechs, acht oder neun?

Ähnliche Fragen stellen sich auch andernorts: Warum besitzt etwa der Hegelsaal der Stuttgarter Liederhalle die Form eines Siebenecks und nicht die eines Fünf-, Sechs- oder Neunecks, warum gibt es in Japan sieben Nationaluniversitäten (zenkoku shichidaigakun) und nicht deren sechs, acht oder zwölf? Oder weshalb wurden an der US-amerikanischen Ostküste zwischen 1837 und 1889 nicht mehr und nicht weniger als sieben »Women's Colleges« – »The seven sisters« genannt – gegründet, um die zu jener Zeit im Argen liegenden Bildungsmöglichkeiten für Mädchen und Frauen denen der Knaben und Männer anzugleichen?

So gesehen kann man es geradezu als Glück ansehen, dass die französischen Konstrukteure der New Yorker Freiheitsstatue deren Bedeutung gleich mitlieferten. Zwar hatte Frankreich 1886 den Übergabetermin zur Hundertjahrfeier der amerikanischen Unabhängigkeitserklärung um ganze zehn Jahre verpasst, dafür wussten die Beschenkten anschließend umso genauer, dass die siebenstrahlige Krone des 93 Meter hohen Monuments die »sieben Kontinente« symbolisiert – soll heißen: Nordamerika, Südamerika, Europa, Asien, Afrika, Australien & Ozeanien, Antarktis.

Über die Bedeutung eines weiteren siebenzackigen Symbols war man sich zu jener Zeit in den USA indessen längst im Klaren. Was sollte ein Sheriffstern wohl anderes symbolisieren als die sieben Tugenden: character, integrity, knowledge, honor, courtesy, loyalty and judgment (Charakter, Integrität, Kenntnis, Ehre, Höflichkeit, Loyalität und Gerechtigkeit).

Man kann die bisherigen Beispiele getrost als »zufällig« bezeichnen. Immerhin ließen sich mindestens ebenso viele Bauwerke, Institutionen oder Symbole nennen, die nach dreiteiligem, viergliedrigem, fünfeckigem oder sechsstrahligem Prinzip funktionieren. Und in der Tat könnte man – allen Aberglaubensbezügen zum Trotz – kaum von einer Sonderrolle der Sieben in der Kulturgeschichte der Menschheit sprechen, würden sich die weltlichen Siebenbezüge im großen Ganzen mit den genannten Beispielen erschöpfen. Das aber ist mitnichten der Fall. Genau gesagt, stehen wir eben erst am Anfang unserer Betrachtung. Denn mehr noch als etwa in Volksglauben, Kultur und Architektur hat die Sieben unter anderem dort Platz gegriffen, wo die Triebkräfte des Wachstums wirksam sind und wo die Sieben ein ums andere Mal dafür herhält, einem Produkt, einer Institution oder einem Unternehmen gleichsam einen spirituellen Mehrwert zu verpassen.

Wäre der gelernte Werbekaufmann Charles Leiper Grigg bereits im Gründungsjahr 1929 seiner Getränkefirma auf die Idee gekommen, seine Limonade mit besagtem Mehrwert anzureichern, hätte er das Getränk vermutlich nicht zuerst Bib-Label Lithiated Lemon-Lime Soda genannt, sondern gleich SevenUp. »Warum gerade Seven?«, fragte sich mangels mitgelieferter Erklärung Jahrzehnte später die Fangemeinde der süßen Brause und gab sich die Antworten gleich selbst: »Weil SevenUp sieben Inhaltsstoffe enthält«, zählten die einen nach, »weil der Begriff sieben Buchstaben hat«, entgegneten die anderen. Wieder andere wogen das Gewicht der Flasche nach und kamen auf genau sieben Unzen, während feine

---

Um allfälligen Fragen zuvorzukommen, ließ Microsoft zur Namensgebung von »Windows 7« per Pressemitteilung Folgendes verlauten: *Die Entscheidung für diese Bezeichnung liegt an der Einfachheit des Namens. In den vergangenen Jahren hatte Microsoft verschiedene Herangehensweisen bei der Namensgebung. Dazu gehörten Nummern wie bei Windows 3.11, Jahreszahlen wie bei Windows 98 oder Markennamen wie bei Windows XP oder Windows Vista. Microsoft geht zurück zur Nummerierung, weil Windows mehr ist als nur ein Betriebssystem für PCs. Dazu gehören inzwischen weitere Software-Angebote und Services, die durch die einfache Bezeichnung besser eingebunden werden. Windows 7 ist die siebte Windows-Version.* So weit die offizielle Übersetzung von Microsoft. Aber halt: die siebte Version? Nach Windows 1.0, Windows 2.0, Windows 3.0, Windows 3.11, Windows 95, Windows 98, Windows ME, Windows NT3.1, Windows NT3.5, Windows NT3.51, Windows NT4.0, Windows 2000, Windows XP und Windows Vista – Rechenfehler oder doch Magie?

Schmecker gar sieben Geschmackskomponenten erspürten und ganz Schlaue fix das Atomgewicht von Lithium – einem der Inhaltsstoffe – nachblätterten und dabei ebenfalls auf die Zahl Sieben kamen.

Was auch immer die Limomacher in St. Louis tatsächlich zur Namenswahl bewogen haben mag – bei dem Software-Giganten Microsoft in Redmond (US-Staat Washington) scheint die diesbezügliche Antwort auf der Hand zu liegen. Wie anders hätte man wohl das spärlich bejubelte Betriebssystem »Vista« vergessen machen sollen als mit dem vergleichsweise magischen Label »Windows 7«.

Schon früh in der Geschichte der Personal Computer (PC) setzten Software-Entwickler auf die Sieben. Die Rede ist von jenem Betriebssystem, mit dem der PC-Hersteller Apple ab 1991 seinen Durchbruch an die Weltspitze einleitete und das deshalb als Big Bang (= Urknall) in die Geschichte eingehen sollte: System 7. Dennoch sei erwähnt, dass Big Bang – anders als Windows 7 – eine Version mit der laufenden Nummer »6« voranging.

Nicht gerade an die Weltspitze, dafür aber ans Sonnenlicht der deutschen TV-Landschaft schaffte es der Münchner Privatfernsehsender Pro7. 1987 unter dem Namen Eureka TV gegründet – einer Verschmelzung von Europa und heureka (griechisch = ich hab's gefunden) –, begann der Sender vom Start weg zu kränkeln, bis ihn ein Jahr später der Münchner Filmhändler Leo Kirch übernahm, in Pro7 umtaufte und damit sein Medienimperium entscheidend ausbaute. Allein die offizielle Erklärung für den neuen Namen ist doppeldeutig: *Programm für 7 Tage*. Mehr als sieben Tage sind es jedenfalls inzwischen schon geworden, trotz mehrfachem Gesellschafterwechsel und zwischenzeitlicher Milliarden-Defizite.

Ob man sich beim Konkurrenten RTL ebenfalls an der Zahl der Wochentage orientierte, als man im Jahr 2005 den niederländischen Sender Yorin in RTL 7 umtaufte, steht mangels offizieller Erklärung dahin. So darf man darüber spekulieren, ob die Luxemburger Gruppe, in deren Senderfamilie es bis dahin weder einen Sender RTL 3 noch RTL 6 gab, womöglich ähnlich auf die Kraft der »magischen Zahl« setzte wie der australische Sender Seven Network, der seit rund vierzig Jahren sein jeweils neues Sendeschema mit Jingles wie ›The Seven Revolution‹, ›Seven Colors Your World‹, ›Only the Best on 7‹ oder ›Lucky Seven‹ einläutet.

Auch Produkte anderer Branchen kommen gerne im Doppelpack mit der Sieben daher. So verkauft etwa der Tabakriese Rothmans, Benson & Hedges in Kanada einen Teil seiner Kingsize- oder Short-Zigaretten in Packungen mit dem Aufdruck »Number 7«; ein internationaler Kindermodenkonzern vertreibt Langarmshirts, Trägerkleider, Hosen, Pullover oder Sweatshirts unter der Marke »Blue Seven«; und das Damen-Herren-Kindermode-Label »Seven 7 for all mankind« sorgt nicht allein mit seinen »7*7*7 Jeans« dafür, dass einem die magische Sieben rund um den Globus gleichsam auf Schritt und Tritt begegnet.

Allein vierzig TV-Stationen in den USA (darunter mit NBC, Fox, CBS und ABC fast alle großen) setzen auf die Signalwirkung des weltweit verbreitetsten TV-Logos: des sogenannten Circle 7 logo. Desgleichen Sender in Australien, Malaysia, Brasilien und auf den Philippinen. Angesichts derart geballter Seven-Power mag man den Umstand, dass andere Sender wie etwa Radio France, der schwedische Sender Sveriges Radio oder ARD-Sender wie rbb Brandenburg jeweils sieben Hörfunkprogramme ausstrahlen, nur am Rande erwähnen.

Dass die Sieben auch das Firmenlogo eines der weltgrößten Einzelhandelskonzerne ziert, wissen »nur« jene paar Milliarden Menschen, die sich in den USA, in China, Japan, Norwegen, Schweden, auf den Philippinen, in Australien, Südkorea, Mexiko oder Südafrika aufhalten. Gegründet 1927 im US-Staat Texas unter dem Namen »Speedy-Mart«, wechselte die Firma ihren Namen später in »7-Eleven«. Zwar zielte das neue Label offiziell auf die Bekanntmachung der langen Öffnungszeiten (von sieben Uhr morgens bis 23 Uhr abends), dennoch dürfte bei der Namensgebung die Popularität des gleichnamigen Glücksspiels »Seven-Eleven« eine kaum geringere Rolle gespielt haben.

Es wäre müßig, hier alle Marken, Firmen oder Werbeslogans aufzählen zu wollen, die in irgendeinem Winkel der Welt mit der Sieben punkten – zumal ständig neue hinzukommen. So dürften sich etwa allenfalls Oldtimerfans durch den Hinweis auf jenes Sportwagenmodell namens »Lotus Seven« angesprochen fühlen, das der Formel-1-Rennstallbesitzer Collin Chapman zwischen 1957 und 1972 bauen ließ. Auch werden höchstens New Yorker oder New-York-Reisende den ins Umland führenden Subway-Linien »7 Flushing Local« und »7 Flushing Express« etwas abgewinnen können. Und dass sich eine der weltweit größten Taxigesellschaften »Taxis G7« nennt, dürfte gleichfalls nur jene interessieren, die es in Paris nach einer Alternative zur chronisch überfüllten Metro verlangt.

Angesichts einer Anklage wegen seiner Verantwortung für Scheinverträge während seiner Amtszeit als Pariser Bürgermeister (1977–1995) mag es der spätere französische Staatspräsident Jacques Chirac bereut haben, dass er die Amtszeit des französischen Präsidenten – wie vor seiner Wahl versprochen – von sieben (Septennat) auf fünf (Quinquennat) Jahre verkürzt und damit seiner »Immunité« ein vorzeitiges Ende gesetzt hatte.

Andere Präsidenten denken vermutlich nicht im Traum daran, an ihrer jeweils siebenjährigen Amtszeit knabbern zu lassen. Eher denkt man dort, wo der Präsident auf fünf oder sechs Jahre gewählt ist, über Amtszeitverlängerungen nach. So ist es vermutlich nur eine Frage der Zeit, bis man in Russland die Amtsperiode des Präsidenten auf sieben Jahre festsetzt und damit dem Beispiel anderer ehemaliger Sowjetrepubliken wie Kasachstan, Tajikistan, Usbekistan oder Weißrussland folgt.

Obwohl von vergleichbarer Machtfülle weit entfernt, spielte auch der deutsche Ex-Bundespräsident Köhler in Gedanken mit einer längeren Amtszeit: »Ich glaube, dass es kein schlechtes Modell wäre, den Bundespräsidenten direkt zu wählen. Vielleicht sogar für eine Periode von sieben oder acht Jahren.« Dass aus beidem in absehbarer Zukunft vermutlich nichts wird, liegt ebenso in den Besonderheiten der jüngeren deutschen Geschichte begründet – so verdankte Hitler seinen Aufstieg bekanntlich der De-facto-Machtfülle des laut Weimarer Verfassung auf sieben Jahre vom Volk gewählten Reichspräsidenten – wie in dem Unwillen der deutschen

---

Obwohl die bekannten Kinderprodukte (zum Beispiel »Kinder-Schokolade«) in vielen Ländern der Erde mit dem deutschsprachigen Logo verkauft werden, handelt es sich dabei um eine Marke des im italienischen Piemont beheimateten Süßwarenkonzerns Ferrero (Mon Chéri, Raffaello, Hanuta). Als eines der erfolgreichsten Kinderprodukte gilt das »Kinder-Überraschungsei«, auch bekannt als »Kinder-Surprise« (je nachdem englisch oder französisch ausgesprochen), in dem sich besagte Überraschung – ein Gimmick oder Plastikspielzeug – ursprünglich nur in jedem siebten Ei versteckte. Dies ergibt für den Konzern einen zusätzlichen Vorteil, muss er doch in vielen Ländern statt des vollen Mehrwertsteuersatzes für Non-Food-Artikel nur den reduzierten Mehrwertsteueranteil für Lebensmittel abführen.

Parlamentarier, ihren unmittelbaren Einfluss auf das höchste deutsche Staatsamt preiszugeben. Dennoch zeichnet die Sieben weltweit den Trend bei den Präsidial-Amtszeiten vor – egal ob im Kongo, in Äthiopien, in Irland, der Türkei, in Israel, in Gabun oder Kamerun, in Äquatorialguinea oder in Syrien. Allein Italiens seinerzeit 86-jähriger Präsident Carlo Azeglio Ciampi mochte 2006, am Ende seiner siebenjährigen Amtszeit, der magischen Zahl nicht so recht trauen, als er den Wiederwahl-Appellen von Ministerpräsident Silvio Berlusconi und dessen Kontrahenten Romano Prodi ebenso trotzig wie zutreffend entgegenhielt: »Kein [italienischer] Präsident wurde nach sieben Jahren wiedergewählt.«

Beliebig oft wiedergewählt werden können hingegen die Mitglieder des US-Repräsentantenhauses, sofern sie als Voraussetzung für den erstmaligen Einzug in eines der beiden höchsten US-Parlamente die mindestens siebenjährige US-Staatsangehörigkeit nachweisen können.

Während Regierungschefs oder Staatsoberhäupter in der Regel wenigstens einmal wiedergewählt werden können, sind Richter an nationalen oder internationalen Höchstgerichten oft nur für eine Amtsperiode bestellt. Diese kann wie bei den US-amerikanischen Bundesrichtern mitunter sogar lebens-

---

Zu Beginn seines Justiz-Thrillers ›The Pelican Brief‹ (deutscher Titel: ›Die Akte‹) lässt Bestsellerautor John Grisham zwei Mitglieder des Supreme Court – des obersten US-amerikanischen Bundesgerichts – ermorden und reduziert auf diese fiktionale Weise die Zahl der obersten Richter in den USA von neun auf sieben. Sowenig der Welterfolg des Grisham-Titels dieser Fiktion geschuldet ist, sosehr hängt in vielen realen Jurys oder Höchstgerichten die Urteilsfindung von der Richterzahl Sieben ab. So oblag es etwa bei den Präsidentschaftswahlen 2006 in Mexiko einem Gremium von sieben Richtern, darüber zu entscheiden, welcher Kandidat beim Kopf-an-Kopf-Rennen die Nase vorn hatte.

lang bedeuten, oft ist die Amtszeit aber – wie am Berufungsgericht der Vereinten Nationen in New York – auf sieben Jahre angelegt.

Dass die magische Sieben in Justiz und Administration in der Schweiz eine besondere Rolle spielt, mag manchen erstaunen. Immerhin ist die Schweizer Regierungsmacht in sieben Departements samt sieben Bundesräten unterteilt, was wiederum nichts mit den jeweils sieben Fakultäten der Universitäten Basel, Zürich, Genf und Lausanne und dem Umstand, dass in Schweizer Zivilangelegenheiten und minderen Straffällen je sieben Bezirksrichter entscheiden, zu tun hat.

Auch auf den westlich vor Afrika liegenden Kapverdischen Inseln vertraut man auf ein siebenköpfiges Höchstgericht. Ähnliches gilt für das oberste Gericht von Puerto Rico wie auch für den tschechischen Verwaltungsgerichtshof, dessen

---

Selbst wenn man an dieser Stelle unzählige weitere siebenbezogene Justiz- oder Verwaltungsstrukturen auflistete – allen voran die auf den ›Siete Partidas‹ (= Sieben Teile) der auf Justinian zurückgehenden südamerikanischen Gesetzgebung –, stellt sich die Frage, warum sich all jene Institutionen nicht in drei, fünf, sechs, acht oder 13 Teile gliedern. Viel spricht dafür, dass man sich bei der Schaffung siebenköpfiger Gremien hier und dort am römischen »Septemviratus« (= Siebenmännergremium) orientierte, dem man offenbar bei der Wahrheitssuche bessere Ergebnisse zutraute als zahlenmäßig anderen Zusammensetzungen. Dass bei der siebenköpfigen Warren-Kommission ähnliche Beweggründe im Spiel waren, die ab Ende 1963 die Hintergründe des Kennedy-Mordes untersuchte, darf allerdings bezweifelt werden. Nachdem sie zehn Monate lang 600 Zeugen befragt und 3000 Beweisstücke gesichtet hatte, legte besagte Kommission einen 850-seitigen Bericht vor, der heute in allen entscheidenden Belangen angezweifelt wird.

sieben Richter überdies in politischen Fragen, in Wahl- oder Parteienstreitigkeiten entscheiden. Aus sieben Richtern gebildete Kammern finden sich ebenso am Europäischen Gerichtshof für Menschenrechte in Straßburg.

Zur Bildung von Vereinen und Genossenschaften sind in vielen Ländern sieben Gründungsmitglieder erforderlich, das mag mit dafür verantwortlich sein, dass sich auch Non-Profit-Organisationen bei der Zahl ihrer Vorstände an die Sieben halten – egal ob es sich um Fördervereine, das Kinderhilfswerk UNICEF, Dokumentationszentren oder Interessenverbände handelt.

Nicht mit sieben, sondern den sechs Mitgliedern Deutschland, Frankreich, USA, Japan, Großbritannien und Italien startete 1975 der vom deutschen Bundeskanzler Helmut Schmidt und dem französischen Staatspräsidenten Giscard d'Estaing aus der Taufe gehobene Weltwirtschaftsgipfel. Doch schon ein Jahr später erweiterte sich die Gruppe durch den Beitritt Kanadas auf eine fortan »G7« genannte Gipfelpartie, die sich erst 1998 durch den Beitritt Russlands zur »G8« wandelte. Schon 1971 hatte sich in der neuseelän-

---

Vielleicht lag es ja daran lag, dass der 21. Mai 1904 ein Samstag war oder dass man sich beim vier Jahre zuvor gegründeten Deutschen Fußballbund (DFB) das Geld für die Zugtickets von Leipzig nach Paris sparen wollte. Sei es, wie es sei – Fakt ist, dass die Gründungsversammlung der FIFA im Hinterhaus der Pariser Rue Saint Honoré 229 ohne deutsche Beteiligung stattfand. Pünktlich zur Stelle waren dagegen die sieben Vertreter Frankreichs, Belgiens, Dänemarks, der Niederlande, Spaniens, Schwedens und der Schweiz. Zwar kabelte der DFB noch am Abend desselben Tages per Fernschreiben seinen Aufnahmeantrag an die Seine und wurde ebenso umgehend in die neue Fußballfamilie aufgenommen – die Ehre, als achtes Gründungsmitglied zu »firmieren«, blieb ihm allerdings versagt.

dischen Hauptstadt Wellington das »Pacific Islands Forum« (= »Pazifik-Inselforum«) konstituiert. Dass auch hier sieben Gründungsmitglieder mit von der Partie waren, entging dem großen Rest der Welt vermutlich ebenso wie rund siebzig Jahre zuvor die Gründung des Weltfußballverbandes FIFA durch – man ahnt es – sieben Nationen!

Ein Höchstmaß an medialer Aufmerksamkeit fand der 1956 in Lugano im Schweizer Tessin erstmals veranstaltete Grand Prix d'Eurovision de la Chanson. Grund für das breite Interesse war die TV-Ausstrahlung via Eurovision. Dabei konnte man die Teilnehmerländer (Belgien, Frankreich, Italien, Niederlande, Luxemburg, Bundesrepublik Deutschland, Schweiz) mühelos von eins bis sieben durchzählen. Gewinnerin des Wettbewerbs war die Schweizerin Lys Assia, die mit dem Titel ›Das alte Karussell‹ Stars wie Freddy Quinn und Corry Brokken hinter sich ließ.

Obwohl seither zum gesamteuropäischen Mega-Event gewachsen und mangels Chansons in »Song Contest« umgetauft, versteckt sich der europäische Sangeswettbewerb – was die weltweite Beachtung angeht – dennoch hinter Kulturveranstaltungen wie dem jährlichen Shanghai International Film Festival oder der Berlinale – beides Veranstaltungen, bei deren Wettbewerben oftmals sieben Juroren über die Preisverteilung entscheiden. Womit wir unversehens bei einem Genre gelandet sind, wo wir der Sieben gleich mehrfach begegnen, allem voran in Gestalt jener meist siebenköpfigen Jurys, die überall auf der Welt über die Zulassung oder Indizierung neuer Kinofilme zu entscheiden haben.

Dass dem TV- und Kinopublikum trotzdem keiner der sieben Schockmomente des US-amerikanischen Thrillers ›Se7en‹ (Deutscher Titel: ›Sieben‹) erspart blieb, mag möglicherweise daran gelegen haben, dass in dem Streifen mit Morgan Freeman, Kevin Spacey und Gwyneth Paltrow gleich drei Oscar-Preisträger mit von der Partie waren. Allein

Hauptdarsteller Brad Pitt blieb bisher ohne Academy Award, durfte aber dafür zwei Jahre später in einer weiteren Hollywood-Produktion mitwirken, die die Sieben im Titel trägt. Die Rede ist von der Verfilmung der Biografie des Bergpioniers und Dalai-Lama-Freundes Heinrich Harrer: ›Sieben Jahre in Tibet‹. Wie viele Filme insgesamt weltweit auf die Sieben, Seven, Sette, Sept, Siete, Sjem oder Shichi setzten, um das Publikum an die Kinokassen zu locken, lässt sich kaum sagen. So seien hier denn auch nurmehr solche Werke erwähnt, die dem Maßstab der »Septième Art« – so die Bezeichnung für Filmkunst in Frankreich – zumindest halbwegs genügen, wie etwa der Film ›Das Haus der sieben Sünden‹, in dem sich Marlene Dietrich 1949 handfeste Duelle mit Westernheld John Wayne lieferte; desgleichen der 1954 fünffach Oscar-nominierte Musikfilm ›Seven Brides For Seven Brothers‹, dessen Story sich an der Komödie ›Der Raub der Sabinerinnen‹ orientierte. Siebenlastig ist auch der Film ›The Seventh Sign‹ aus dem Jahr 1988, in dem Jürgen Prochnow als reinkarnierter »Jesus« neben Demie Moore glänzt.

Nicht um das Gegengewicht von 3,175 Kilogramm, sondern darum, das Leben von sieben Menschen zu verändern, geht es Hauptdarsteller Will Smith in dem Streifen ›Seven Pounds‹ (Deutscher Titel: ›Sieben Leben‹; 2008). Auf keinen Fall fehlen dürfen in der Aufstellung siebenbezogener Filmtitel ›Das siebente Siegel‹ des schwedischen Regisseurs Ingmar Bergman aus dem Jahr 1957 sowie jene Erfolgskomödie aus dem Jahr 1955, deren deutscher Titel sich hier und dort sogar als Redewendung etablierte: ›Das verflixte siebte Jahr‹ (Regie: Billy Wilder; Hauptrolle: Marilyn Monroe) nach einer Bühnenkomödie von George Axelrod. Dass das amerikanische Original ›The 7-Year-Itch‹ lautet – wörtlich: »Das Siebenjahres-Jucken« –, vermochte an der Sprichwortartigkeit des deutschen Titels nicht zu kratzen.

Es waren im Übrigen jene 1950er Jahre, in denen in Hollywood nach wie vor Siebenjahres-Verträge an der Tagesordnung waren. Eine von den mächtigen Studios dirigierte Regelung, an der auch Stars wie Elizabeth Taylor, Paul Newman oder Frank Sinatra nicht vorbeikamen.

Nicht sieben, sondern zwölf Jahre waren seit Sean Connerys sechstem Auftritt als James Bond 007 vergangen, als es den Schotten 1983 erneut danach verlangte, den Bart zu scheren, das berühmte Toupet aufzusetzen und mit dem

---

›Die sieben Samurai‹ (Original: ›Shichinin no samurai‹) heißt der wohl bekannteste und einflussreichste japanische Film aller Zeiten. Gedreht wurde dieses Historiendrama im Jahr 1953 unter der Regie des damals 43-jährigen Akira Kurosawa. Das Erzählmuster – sieben Freunde verschwören sich gegen den bösen Rest der Welt – wurde später mehrfach filmisch adaptiert, am erfolgreichsten in dem Hollywood-Western ›Die glorreichen Sieben‹ (1960; Regie: John Sturges; Hauptdarsteller u.a.: Yul Brynner, Charles Bronson, Steve McQueen und Horst Buchholz), und beeinflusst bis heute auch die japanische Pop-Kultur (siehe das »Anime«: ›Samurai 7‹). Akira Kurosawa selbst indes hatte sich bei seinem Werk vermutlich nicht zuletzt von seinem eigenen jugendlichen Erleben als jüngstem von sieben Geschwistern inspirieren lassen.

beziehungsreichen Titel ›Sag niemals nie!‹ gleichsam »die Sieben« vollzumachen. War es, weil zuvor bereits Bond-Nachfolger Roger Moore sieben Mal den Mann »mit der Lizenz zum Töten« gegeben hatte, oder weil Connery plötzlich das Gefühl hatte, dass da irgendetwas in seinem Leben nicht komplett war? Dass der Schotte in seinen 2008 erschienenen Memoiren kein Wort über seine Beweggründe verliert, lässt Raum sowohl für die eine wie für die andere Spekulation. Bleibt die Frage, warum James Bond überhaupt 007 heißt und nicht etwa 006 oder 008? Dass »00« für besagte »Lizenz zum Töten« steht, wissen die Leser der Bond-Thriller von Autor Ian Fleming, über die Bedeutung der »7« schweigt sich auch Fleming aus.

Möglicherweise gibt uns ja der Sport dafür Zeugnis, dass sich die Sieben immer in Szene setzt, bildet sie doch nicht selten die einzige Brücke zwischen Sportarten, die ansonsten nicht das Geringste verbindet. Welche Gemeinsamkeit ließe sich beispielsweise sonst zwischen Taekwondo, dem Buckelpistenfahren und dem Gesellschaftstanz herstellen, wenn nicht die Tatsache, dass bei allen drei Disziplinen meist sieben Kampfrichter über Sieg oder Niederlage entscheiden?

Dabei sind auch jene Sportarten, in denen etwa Tore über Sieg und Niederlage entscheiden, keineswegs gegen Fehlurteile gefeit, zum Beispiel bei der Frage »Strafstoß – ja oder nein?«. Unumstritten ist dagegen, dass besagter Strafstoß bei einigen Sportarten aus sieben Meter Distanz vollstreckt wird – so etwa beim Feldhockey und beim Hallenhandball, wo man sich – ähnlich wie beim Wasserball und beim Mannschafts-Frisbee – auch bei der Teamstärke an die Sieben hält.

Dass sich die Sieben mitunter auch in Sportarten hervortut, die ursprünglich von Siebenbezügen frei waren, zeigt die Geschichte des American und Canadian Football. Nachdem in der US-Football-League im Jahr 1905 achtzehn Athleten bei sogenannten Spielunfällen ums Leben gekommen waren, wurden nach Intervention des US-Präsidenten Theodore Roosevelt neue Sicherheitsregeln geschaffen: Damit nicht bei jedem Angriffsversuch (»Down«) weiterhin sämtliche Zweizentnermänner ungebremst aufeinanderknallen, müssen sich seither beim Anpfiff jeweils sieben Spieler hinter einer unsichtbaren Linie namens »scrimmage line« aufhalten.

Aus der Muttersportart des American Football – Rugby – entwickelte sich inzwischen sogar eine eigene, siebenbezogene Variante: das »7er Rugby«. So genannt, weil hier zwei Mannschaften mit je sieben (statt 15) Spielern zwei Mal sieben Minuten lang (in Endspielen dauern beide Halbzeiten je zehn Minuten) darum kämpfen, den ellipsenförmigen Ball möglichst oft hinter die gegnerische Mal-Linie zu befördern. 2016 in Rio de Janeiro wird das 7er Rugby ebenso olympisch, wie es der Siebenkampf der Frauenleichtathletik seit 1984 bereits ist.

In der mehr als 130-jährigen Geschichte des Snooker ist es wohl kaum je zu nennenswerten Verletzungen gekommen,

---

»Diese Wertung war ein siebenfacher, pelzvermummter Hohn!«, wetterte Deutschlands meistverkauftes Boulevardblatt im Februar 1960 in fetten Lettern. Man ahnt, worum es ging: um Eiskunstlauf; genauer: um die unmittelbar vor den Olympischen Spielen in Squaw Valley stattfindende Eiskunstlauf-Europameisterschaft; noch genauer: um die allgemein als Fehlurteil empfundene Bewertung des deutschen Paars Margret Göbl/Franz Ningel durch die sieben internationalen Punktrichter, wodurch die Publikumslieblinge hinter das russische Paar Nina & Stanislaus Schuk sogar auf Platz drei rutschten. Europameister wurden nach 1959 zum zweiten Mal die seit 1957 gemeinsam laufenden Marika Kilius (knapp 17 Jahre) und Hans Jürgen Bäumler (18). Das Paar errang in der Folge vier weitere Europameistertitel, zwei Weltmeistertitel und zwei Olympische Silbermedaillen.

doch auch in dieser Königsdisziplin des Billardsports spielt die Sieben bei jedem neuen »Frame« (entspricht etwa dem »Satz« beim Tennis) mit: sowohl bei der Zahl der Spielkugelfarben (schwarz, pink, blau, braun, grün, gelb und rot) als auch bei der pro Stoß erzielbaren Höchstpunktzahl.

Beim Billard ebenso wie bei manchen Gesellschaftsspielen entscheidet sich die Frage: »Sport oder Zeitvertreib?« meist durch den Rahmen, in dem solche Spiele stattfinden. Dabei steht außer Frage, dass es beim Wettbewerbs-Skat ebenso wie beim Bridge einer guten körperlichen und geistigen Verfassung bedarf, um auf Dauer erfolgreich zu sein. Gleichwohl mischt bei beiden Kartenspielarten die Sieben ebenfalls kräftig mit – beim »Skat« durch die sieben Kartenwerte der Trumpffarben (neben den vier Buben) und beim »Bridge« in Gestalt der sieben Stiche, die zum Gewinn eines Spiels mindestens erforderlich sind. Den Sieben-Appeal gibt es auch beim »Scrabble«, wo jeder der zwei bis vier Mitspieler danach trachtet, mit jeweils sieben Buchstabensteinen möglichst punkteträchtige Begriffe zu puzzeln. Wer lieber allein spielt,

---

Als der Bäcker William Russel Frisbie 1871 in Bridgeport im nordöstlichen US-Staat Connecticut eine Bäckerei gründete, konnte er mitnichten ahnen, dass sein Name dereinst für eine der beliebtesten Strandsportarten herhalten würde. Die Spezialität der Frisbie Pie Company waren Torten. Dass Letztere besonders bei den Kindern Bridgeports beliebt waren, lag indes nicht nur an den leckeren Zutaten, sondern an den mitgelieferten kreisrunden Kuchenblechen (Pie Tins), die sich die Kinder mit Vorliebe gegenseitig zuwarfen. Dennoch sollten Jahrzehnte vergehen, bis sich Walter Frederick Morrison, Exmitarbeiter der Frisbie Pie Company, daranmachte, die eher bescheidenen Flugeigenschaften der Kuchenbleche aerodynamisch zu verbessern, bis sich daraus nach und nach das heute bekannte Sport- und Spielgerät entwickelte. Allein die Bezeichnung »Frisbee« deutet noch auf den unfreiwilligen Urheber.

Die sieben Tangramsteine und zwei der unzähligen Bildmöglichkeiten: Katze und Mönch

mag seine Kombinationsfähigkeit auch an »Tangram« trainieren, jenem chinesischen Legespiel aus Rauten, Dreiecken und Quadraten, deren Gesamtzahl – wie zu sehen – gleichfalls sieben beträgt.

Dass die Sieben bei »Mah Jongg«, einem nicht nur in China populären Brettspiel, eher eine Nebenrolle spielt, hinderte Videospiel-Produzenten indes nicht daran, eine digitale Variante namens »MahJongg Master 7« ins Leben zu rufen.

Nicht sieben Punkte und auch nicht sieben Kreuze schreiben den Nimbus der Sieben im staatlichen Zahlenlotto Spaniens, Kanadas, Großbritanniens oder Deutschlands fort, sondern sieben Mal sieben Zahlenreihen. Wer unter den 49 Zahlen die sechs »Richtigen« ankreuzt und mit der siebten Zahl gar die »Super-Sechs« trifft, hat in Deutschland gewiss mehr als sieben Gründe, sich über den Jackpot zu freuen. Auch die sogenannten Zusatzspiele der staatlichen Lotterien punkten gern mit der Sieben: etwa das deutsche »Spiel 77« oder der österreichische Zusatzjoker, der sozusagen ein ganzes Füllhorn siebenbezogener Gewinne ausschüttet – von 7,70 Euro bis 777 777 Euro. Nicht zu vergessen die europaweit ausgespielten »Euromillionen«, bei denen je (5 + 2) sieben Zahlen anzukreuzen sind. Siebenbezug auch bei der siebenstelligen »Traumzahl« der britischen »Dream Num-

---

Trotz digitaler Konkurrenz erfreut sich das bereits erwähnte Würfelspiel Seven-Eleven in den USA nach wie vor großer Beliebtheit. Geht es beim Wurf mit zwei Würfeln anfangs darum, entweder die Sieben oder die Elf zu erwürfeln, so gilt es im weiteren Verlauf, die Sieben möglichst zu vermeiden. Seinen Reiz erhält das Spiel aus der Tatsache, dass die 7 bei zwei Würfen die höchste Trefferwahrscheinlichkeit hat (1+6, 6+1, 2+5, 5+2, 3+4, 4+3), ein Umstand, der zumindest indirekt mit der bekannten Eigenschaft des Würfels zusammenhängt, dass sich die Punkte der Vorder- und der Rückseite jeweils zum Wert sieben addieren.

ber«-Lotterie sowie beim US-amerikanischen »2By2«, wo die Mitspieler automatisch an sieben aufeinanderfolgenden Ziehungen teilnehmen.

Während in vielen Ländern Lotteriegewinne der Versteuerung unterliegen, sind Gewinne in Deutschland, wo der Staat automatisch rund die Hälfte der Lotterie-Einnahmen abgreift, abgabenfrei. Alle anderen Einkünfte werden in Deutschland nach folgenden sieben Einkunftsarten unterschieden: Einkünfte aus erstens Land- und Forstwirtschaft, zweitens selbständiger Arbeit, drittens Gewerbebetrieb, viertens nichtselbständiger Arbeit, fünftens Kapitalvermögen, sechstens Vermietung und Verpachtung sowie siebtens sonstige Einkünfte. Auch bei der Zulassung zum Beruf des Steuerberaters hält man es im Land mit der weltweit kompliziertesten Steuergesetzgebung gelegentlich mit der Sieben. So dürfen sich Finanzsachbearbeiter erst dann zur Steuerberaterprüfung anmelden, wenn sie ihre Position seit mindestens sieben Jahren innehaben.

Von der Steuerberater- zur Hundeprüfung ist es zugegebenermaßen ein gewagter Sprung, und dennoch steht zwischen beiden als verbindendes Element die Sieben. So werden die rund 140 offiziell anerkannten Hunderassen in sieben Prüfungskategorien unterteilt: Gebrauchshunde, Jagdhunde, Arbeitshunde, Hütehunde, Terrier, Zwerghunde und Begleithunde. Eine Kategorisierung, die man wohl kaum neben jener des schwedischen Naturwissenschaftlers Carl von Linné (1707–1778) ansiedeln würde, hätte Letzterer nicht die gesamte Fauna gleichfalls zunächst in sieben Hauptebenen eingeteilt.

Auch ein Vierteljahrtausend nach Linné landen Wissenschaftler immer mal wieder bei der Zahl Sieben. So fanden die Mathematiker des Clay Mathematics Institute (CMI) in Cambridge, Massachusetts kurz vor der Jahrtausendwende heraus, dass derzeit genau sieben mathematische Probleme

Über die Allgegenwart der Sieben

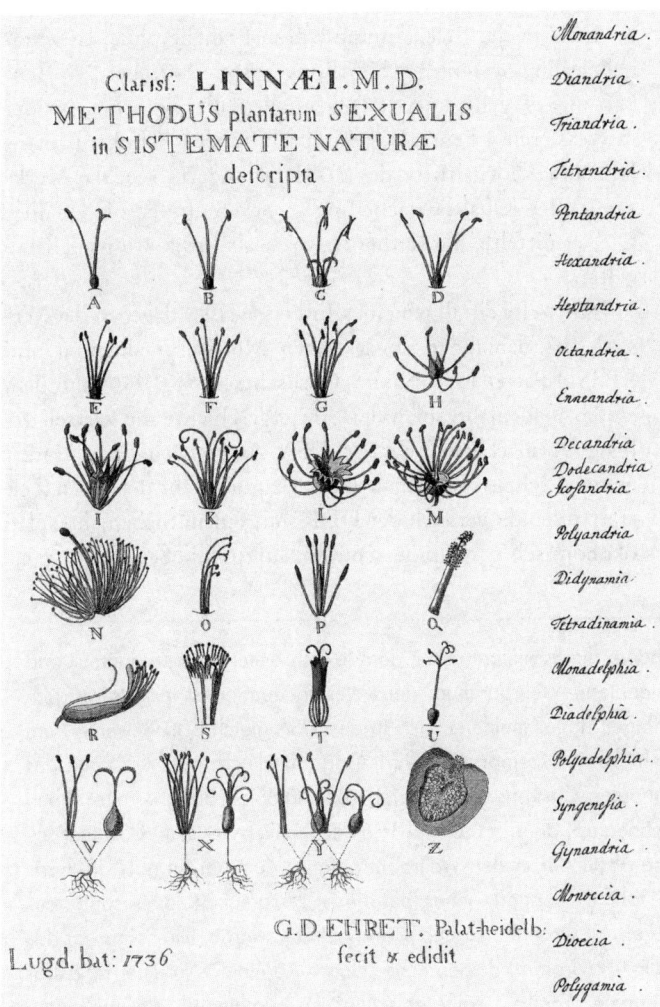

Klassifizierungstafel von Linné: Geschlechtsunterschiede bei Pflanzen, Zeichnung von Georg Dionysius Ehret, Leiden 1736

ungelöst seien – Anlass, um für die Lösung jedes dieser Millenium-Probleme die siebenstellige Summe von einer Million US-Dollar auszuloben.

Dass in der Telekommunikationsbranche ohne das »Signalisierungssystem 7« (Signalling System Number 7) offenbar nichts geht, mag dagegen allenfalls Branchen-Insider interessieren. Ebenso, dass ein japanischer Chemiker namens Ishikawa Kaoru Mitte des 20. Jahrhunderts »Sieben Werkzeuge der Qualitätssicherung« (Seven Tools of Quality; Q7) ermittelte, die seither weltweit als Produktionsmaßstab gelten.

Auf weltweit allgemeines Interesse stieß dagegen der Versuch des damaligen sowjetischen Ministerpräsidenten und KPdSU-Parteichefs Nikita Chruschtschow, 1959 mit dem ersten Siebenjahresplan der Sowjetgeschichte die wirtschaftliche Vormachtstellung der USA zu brechen. Das Unternehmen scheiterte ebenso wie der zu ungefähr derselben Zeit stattfindende Versuch der DDR, mit einem Siebenjahresplan ökonomisch zur Bundesrepublik aufzuschließen.

Nachdem die Sowjetunion mit dem jeweils ersten »unbemannten« und »bemannten« Weltraumflug den Westen zumindest extraterrestrisch überflügelt hatte, meldeten sich in den USA gleich 500 Bewerber, um es dem Sowjet-Kosmonauten Jurij Gagarin gleichzutun. Am Ende des Astronauten-Castings blieben sieben Kandidaten übrig – unter ihnen Alan Shepard, dem am 5. Mai 1961 schließlich der erste US-amerikanische Abstecher in den Weltraum gelang. Kurz darauf gab US-Präsident John F. Kennedy jenes berühmte Versprechen, dass spätestens 1969 ein US-Amerikaner den Mond betreten werde. Die Folge war das »Apollo«-Programm, dessen erster Flug – Apollo 1 – in einer Katastrophe endete. Apollo 7 sollte es schließlich beschieden sein, mit einem bemannten Raumflug am 11. Oktober 1968 die erfolgreiche Mond-Mission einzuleiten.

Dass Apollon, der griechische Gott des Lichts, der Heilung, der sittlichen Reinheit und der Künste nebenbei als treffsicherer Bogenschütze galt, mag die Namensgebung für das US-Raumfahrtprogramm mehr inspiriert haben als der Umstand, dass besagter Gott neben seinem Bogen ebenso oft eine siebensaitige Lyra bei sich trug. Wen wundert es daher, dass die Sieben auch in der Musik ganze Partituren füllt – angefangen beim sieben Mal siebenfachen Credo in Johann

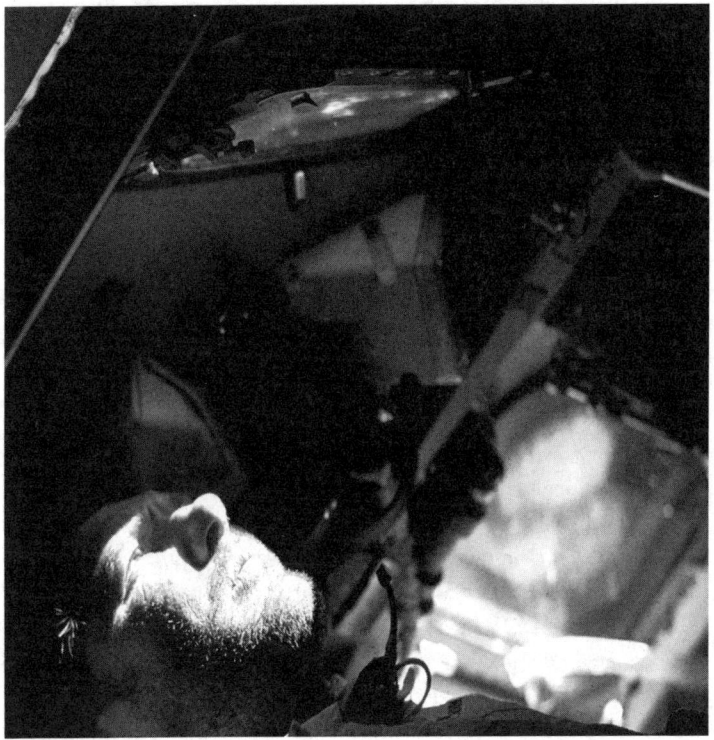

Apollo 7, Kommandeur Walter Schirra während des Flugs in der Raumkapsel

Sebastian Bachs ›h-moll-Messe‹ bis hin zu den jeweils sieben Grifflöchern oder Klappen, wie sie etlichen Flötenarten und anderen Holzblasinstrumenten ebenso zu eigen sind wie jenem Toninstrument, das man auf den britischen Inseln als »Northumbrian Bagpipe« oder »Smallpipe« kennt, auf Deutsch dagegen wenig respektvoll als Dudelsack bezeichnet.

Dass daneben der siebenstufige (= heptatonische) Tonvorrat die abendländische Musik seit der hellenistischen Antike prägt (Beispiel C-Dur-Tonleiter: c, d, e, f, g, a, h), steht an dieser Stelle nur zufällig neben jenen siebenhaltigen Songtiteln, ohne die die Popmusik um ein paar Hits ärmer wäre. So fanden allein in den USA rund fünfzig »Seven«-Titel den Weg auf den Musikmarkt – allen voran ›Seven‹ von Prince, ›Love Is The Seventh Wave‹ und ›Seven Days‹ von Sting, das Album ›Seventh Son Of A Seventh Son‹ (Iron Maiden), der Song ›Seven Seas Of Rhye‹ (Queen), ›Seven Bridges Road‹ (The Eagles), ›Seven Turns‹ (The Allman Brothers) oder ›Seven Wonders‹ (Fleetwood Mac), um nur die Titel der prominentesten Interpreten zu nennen. Andere Interpreten applizierten die Sieben ihrem Band- oder Interpreten-Namen und nannten sich entweder Avenged Sevenfold (US-amerikanische Metal-Band), SE7EN (koreani-

---

Nicht nur im englischsprachigen Raum, auch in Deutschland tönte die Sieben gelegentlich aus den Schlager- und Hitparaden – allen voran ›Über sieben Brücken musst du gehn‹ (Interpreten: Karat/Peter Maffay), ›Siebenmal in der Woche‹ (Vico Torriani) sowie ›Siebenmeilenstiefel‹ (Graham Bonney). Dass sich jene Single-Schallplatten, auf die sämtliche nationale oder internationale Hits bis in die 1980er Jahre gepresst wurden, mit 45 Umdrehungen pro Minute zu drehen hatten, war den meisten Konsumenten gewiss bewusster als der Umstand, dass selbige Scheiben einen Durchmesser von exakt sieben Zoll hatten (= 17,78 Zentimeter).

scher R & B-Sänger) oder System 7 (Britische Techno-Formation). Den Vogel bei der musikalischen »Sevenmania« schoss der argentinische Schlagerstar Juan Carlos Jiménez Rufino ab, als er ›El Siete‹ im gleichnamigen Song rund zwei Dutzend Mal bemühte und am Ende fragte: Que misterio tendrá el numero siete? – deutsch: Welches Geheimnis wird wohl die Zahl Sieben in sich bergen?

Diese Frage möglichst zufriedenstellend zu beantworten, ist nicht zuletzt die Absicht dieses Buchs. Dennoch wäre es wohl ein aussichtsloses Unterfangen, wollte man sich angesichts der buchstäblichen Omnipräsenz unserer Protagonistenzahl etwa um Vollständigkeit bemühen und beispielsweise sämtliche Buchtitel auflisten, die irgendwann und irgendwo auf der Welt mit der Sieben punkteten.

Die meisten davon erschienen in den englischsprachigen Ländern, wo in den vergangenen Jahren Sachbuchtitel wie ›The Seven Principles For Making Marriage Work‹, ›Seven Lessons For Leading In Crisis‹, ›Seven Sacred Pauses‹ oder ›The Seven Levels Of Intimacy‹ um die Bestsellerlistenplätze rangelten.

In Frankreich, Nordafrika und Kanada heißen aktuellere Romane und Sachbücher: ›Sept psychopathes‹, ›Sept Missionnaires‹, ›Sept guerrières‹, ›Sept voleurs‹ oder ›Les 7 habitudes de ceux qui réalisent tout ce qu'ils entreprennent‹. In Spanien und Lateinamerika liest man Bücher wie: ›La casa de los siete pecados‹, ›Los Siete Poderes‹, ›Las Siete Partidas‹ oder ›La casa de los siete balcones‹ – in Italien: ›Le sette monete‹, ›Sette giornate da raccontare‹, ›I sette precetti del saper vivere da anziani‹, ›Le sette penne dell'aquila‹, ›Sette oli veramente essenziali‹. Auf Deutsch findet man Buchtitel wie ›Alle sieben Wellen‹, ›Die 7 Schleier vor der Wahrheit‹, ›Die sieben Botschaften unserer Seele‹, ›Die sieben Archetypen der Angst‹, ›Ein neues Leben in sieben Tagen‹, ›Die sieben Töchter Evas‹ oder ›Sieben Regeln für eine glückliche Beziehung‹.

Nur wenige der genannten Bücher werden sich ähnlich lange auf dem Markt behaupten wie der 1962 mit Peter O'Toole, Alec Guiness, Anthony Quinn und Omar Sharif unter dem Titel ›Lawrence von Arabien‹ verfilmte Weltbestseller ›The Seven Pillars of Wisdom‹ (›Die sieben Säulen der Weisheit‹) des britischen Archäologen, Geheimagenten und Schriftstellers T. E. Lawrence (1888–1935). Gleiches gilt für den Roman ›Sieben Brüder‹ des finnischen Nationaldichters Alexis Kivi (1834–1872), der in Finnland seit Generationen ähnlich die Schullektüre bereichert wie andernorts die Novelle ›Das Fähnlein der sieben Aufrechten‹ des Schweizers Gottfried Keller (1819–1890).

Ergänzend sei vermerkt, dass in Antoine de Saint-Exupérys berühmter Erzählung ›Le petit prince‹ (›Der kleine Prinz‹) die Erde als siebter Planet bezeichnet wird, dass in John R. Tolkiens ›Herr der Ringe‹-Zyklus gleich eine ganze Serie von Siebenbezügen auftaucht, dass die mystische Sieben auch in den Weltbestsellern Dan Browns ihren Platz hat und dass Wilhelm Busch seine beiden berühmtesten Lausbuben erst nach dem siebten Streich zu Korn vermahlen lässt.

Als Wilhelm Busch im Februar 1865 die Rechte an seiner »Bubengeschichte in sieben Streichen« für einen einmaligen Betrag von tausend Gulden an den Münchner Verleger Caspar Braun verscherbelte, konnte der 33-jährige Niedersachse den Welterfolg von ›Max & Moritz‹ mitnichten voraussehen. Ebenso wenig, dass seine *zu Nutz und eigenem Pläsir auch gar schön in Farben gesetzte Geschichte* (Wilhelm Busch in einem Brief an Caspar Braun) wenige Jahrzehnte später gar die Entwicklung des Comicstrips in den USA beeinflussen sollte. Rund 150 Jahre später zählen ›Max und Moritz‹ in fast 300 Sprachen und Dialekten zwar nach wie vor zu den weltweit populärsten fiktionalen Schöpfungen – dennoch wird die Jugendkultur seit Jahrzehnten von einer ganz anderen Richtung geprägt.

Über die Allgegenwart der Sieben

Die Rede ist von den aus der japanischen Holzschnitt-Tradition hervorgegangenen Mangas sowie deren buntbewegten Ablegern: Videospielen und sogenannten Animes. Obwohl sich die jugendlichen Manga- und Anime-Helden meist gegen eine als bedrohlich empfundene Erwachsenenwelt behaupten müssen, verbindet diese modernen Comics mit der spätbiedermeierlichen »Bubengeschichte in sieben Streichen« kaum mehr als die Zahl Sieben. So gibt etwa in der TV-Serie ›Dragon Balls‹ die Suche nach besagten sieben »Drachenkugeln« die Erzählrichtung vor, und die »sieben glücklichen Götter« in der Nintendo-Serie ›Pocky Rocky‹ spielen mehr als nur eine Nebenrolle, ebenso wie das mystische Datum 7.7.777 im Manga-Bestseller ›Fairy Tale‹. Weiter erwähnenswert sind die »sieben Krieger« des Anime-Welterfolgs ›Fushigi Yuugi‹ und vor allem die sieben ›Chaos-Diamanten‹, nicht zu vergessen auch das Anime-Filmmonster ›Ultra Seven‹ oder die in Nordamerika ebenfalls

---

Noch mehr Bücher als der US-Amerikaner Dan Brown (›Illuminati‹) verkaufte bekanntlich die Britin Joanne K. Rowling. Indem sie ihren ›Harry-Potter‹-Zyklus mit dem siebten Band enden ließ, folgte die ehemalige Englischlehrerin bewusst oder unbewusst dem Muster des gleichfalls siebenbändigen Zauberreich-Klassikers ›Die Chroniken von Narnia‹ des 1963 verstorbenen Iren C.S. Lewis, der sich seinerseits bei Siebenteilung und Titelwahl möglicherweise von der ›Anglo-Saxon Chronicle‹ aus dem 11. Jahrhundert leiten ließ, deren Verfasser wiederum über das weitere tausend Jahre zuvor verfasste siebenbändige ›De beneficiis‹ (›Über die Wohltaten‹) des römischen Philosophen und Schriftstellers Seneca im Bild gewesen sein dürften – ähnlich wie heutige Schriftsteller über das siebenteilige Hauptwerk Marcel Prousts (1871–1922) ›À la recherche du temps perdu‹ (›Auf der Suche nach der verlorenen Zeit‹). Wer möchte es da Verlegern verdenken, dass sie Lebenswerke, Kompendien oder Lexika gleichfalls gerne »in sieben Bänden« herausgeben?

eminent erfolgreichen TV-Serien ›Eureka Seven‹ und ›Seven Little Monsters‹. Wen vermag es da noch zu wundern, dass in einer unter Japans Studenten im Jahr 1999 durchgeführten Umfrage die Mehrzahl der Befragten die Sieben zu ihrer »Lieblingszahl« erklärten. Begründung: Wie keine andere Zahl repräsentiere die Sieben vor allem »Glück«.

Schön und gut, möchte man dazu sagen. Doch was ist mit all den übrigen Siebenbezügen, jenen zahllosen Gremien, Amtszeiten, Gesetzen oder Laufzeiten, die mal mehr, mal weniger subtil ins globale Leben eingreifen und die – falls man sie überhaupt bemerkt – mitunter ganz andere Gefühle wecken als ausgerechnet Glück? Wer außer Zahnärzten oder Zahntechnikern würde sich beispielsweise dafür interessieren, dass der deutsche Bundesfinanzhof beim Zahngoldvorrat eine Frist von sieben Jahren vorschreibt? Wer von den Betroffenen hätte sich wohl während jenes siebenjährigen Militärdienstes je glücklich gefühlt, den deutsche Männer laut Bismarck'scher Verfassung von 1871 abzuleisten hatten! Wer könnte wohl bei der Erinnerung an die sieben Grenzübergänge der Berliner Mauer etwas anderes empfinden als Unbehagen oder bei der Erinnerung daran, dass das von Nazideutschland annektierte Österreich in sieben Gaue unterteilt war? Auch die zentrale Stütze des NS-Machtapparats, das Reichssicherheitshauptamt (RSHA), gliederte sich in sieben Ämter, die sogenannte NS-Reichskulturkammer in sieben Einzelkammern. Wie viel sympathischer sind da doch die sieben Regierungsbezirke des Freistaats Bayern, die Gliederung der europäischen Natostreitkräfte in sieben Korps, die siebenjährige Amtszeit des Präsidenten der »Bank of Canada«, die sieben Standort-Nationen (Deutschland, Frankreich, Großbritannien, Spanien, USA, China, Russland) des Flugzeugbauriesen »Airbus«, der siebenköpfige Ministerrat des Kosovo sowie die Gliederung des Pariser Louvre in sieben Verwaltungsabteilungen. Ähnliches gilt für die sieben Fakultäten der (teils »technischen«) Universitäten zu Chemnitz, Bonn, Berlin, Weihenstephan, Tübingen, Trondheim, London, Köln, Amsterdam, Olomouc (Tschechien), Algier, Québec, Brüssel oder Butembo (Kongo).

Summa summarum: Wir erkennen eine verblüffende Häufung von Siebenbezügen, zu denen sich – Pars pro Toto – die siebenkantigen britischen 50- und 20-Pence-Münzen, die sieben Rillen der 20-Eurocent-Münze (geschaffen, um Blinden die Unterscheidung von anderen Münzen zu erleichtern), die jeweils siebenjährigen Laufzeiten staatlicher Schuldverschreibungen und überstaatlicher Forschungsprogramme, der Siebenjahreszyklus des Münchner Schäfflertanzes oder das siebenblättrige Rosenlogo der französischen Sozialisten ergänzend fügen.

Warum – so mag man sich fragen – gilt in Frankreich das Alter von sieben Jahren als »âge de raison«, als »Alter der Vernunft«? Wie kommt es, dass ein ähnlicher Gedanke auch in Deutschland wirksam ist, wo nicht nur die Schulpflicht mit sieben Jahren beginnt, sondern mit zwei Mal sieben (= 14) Jahren die Strafmündigkeit einsetzt? Ebenfalls mit 14 Jahren werden die katholischen Christen gefirmt, damit also »mündig«. Dass diesen und ähnlichen Auffassungen von einer Siebenjahresteilung des menschlichen Lebens sehr oft die wissenschaftliche Anerkennung fehlt, hindert dergleichen Siebenbezüge keineswegs an ihrer Verbreitung.

Schon 1976, Jahrzehnte, bevor Manga- und Anime-Helden die westliche Jugendkultur zu beeinflussen begannen, hatten sich Studenten der US-amerikanischen Yale-Universität in einer der japanischen Umfrage von 1999 vergleichbaren Erhebung ebenfalls mehrheitlich zur Lieblingszahl Sieben bekannt und damit jenes Phänomen bestätigt, das der englische Philosoph John Locke im 17. Jahrhundert als »Blueseven Phenomena« bezeichnete: dass nämlich junge

Menschen, nach ihrer Lieblingsfarbe und nach ihrer Lieblingszahl befragt, mehrheitlich »blau« und »sieben« antworten.

Für unsere Betrachtung heißt dies, dass die Spurensuche nach den Ursprüngen der magischen Sieben deutlich früher im Leben ansetzen muss. Am sinnvollsten dort, wo die kindliche Vorstellungskraft seit jeher weltweit auf vergleichbare Weise geprägt wird – ungeachtet der Epochen, Sprachen, Kulturen, Breiten- oder Längengrade: bei den Märchen.

Es war einmal ein Vater, der hatte sieben ...

Die Sieben in den Märchen

Wem fielen auf Anhieb nicht wenigstens drei bis vier Märchen der Brüder Grimm ein, die entweder die Sieben im Titel tragen oder in denen die Sieben eine tragende Rolle spielt? Allen voran wohl ›Die sieben Schwaben‹, ›Der Wolf und die sieben Geißlein‹, ›Das tapfere Schneiderlein‹ sowie jenes Märchen, in dem es bekanntlich heißt: *Das Häuschen gehörte sieben Zwergen, die waren aber nicht zu Haus, sondern in das Bergwerk gegangen. Schneewittchen ging hinein und fand alles klein, aber niedlich und reinlich: Da stand ein Tischlein mit sieben kleinen Tellern, dabei sieben Löfflein, sieben Messerlein und Gäblein, sieben Becherlein, und an der Wand standen sieben Bettlein nebeneinander frisch gedeckt.* Rund dreißig Mal wird in ›Schneewittchen‹ die Sieben bemüht, bevor die böse Königin vom Neid gefressen wird und ihre bildschöne Tochter in Glück und Wohlstand weiterleben darf – Märchen-Rekord!

Auch wenn sich in der Erstausgabe der Grimm'schen ›Kinder- und Hausmärchen‹ von 1812/15 weitere zehn Märchen finden, in denen jemand entweder für sieben Jahre in eine Taube verwandelt wird, alle sieben Schritte einen Blutstropfen verliert, mit »Siebenmeilenstiefeln« durch die Lande jagt oder sein Nachtlager akkurat unter sieben Gehenkten aufschlägt, auf dass er das Gruseln lerne, kann bei Jacob und Wilhelm Grimms Märchensammlung von einer Dominanz der Sieben zunächst keineswegs die Rede sein. Viel öfter als die Sieben kommt in der ersten Auflage beispielsweise die Drei zum Zuge – sei es in Gestalt dreier Männlein im Walde, dreier Glückskinder oder durch jeweils drei Anläufe beziehungsweise Versuche, deren dritter dann meist zum Erfolg führt.

So sind es in einem weiteren bekannten Märchen der Grimms denn auch zunächst nur drei Brüder, die anstatt in den Gottesdienst zu gehen lieber Karten spielen und daraufhin von ihrer eigenen Mutter in kohlschwarze Raben verwandelt werden. Doch glücklicherweise haben die Söhne besagter Rabenmutter ein Schwesterchen, *das sie von Herzen liebte und sich so über ihre Verbannung grämte, dass es keine Ruh mehr hatte und sich endlich aufmachte, sie zu suchen.* Das Ende kommt ebenso rasch wie erwartet: Das Schwesterchen geht »bis ans Ende der Welt«, findet dort die Brüder, und weil diese sie an ihrem Ringlein erkennen, werden sie flugs vom bösen Fluch erlöst.

Obwohl der Plot wenig glaubhaft motiviert und vergleichsweise simpel angelegt ist, und obwohl sich das Muster »Schwester sucht ihre Brüder« in zwei weiteren Märchen der Grimm'schen Erstausgabe von 1812 findet (Nr. 9: ›Die

---

Als hätten sie sich selber in die Titelsammlung der Grimm'schen ›Kinder- und Hausmärchen‹ einreihen wollen, nannte sich im Herbst 1837 eine Gruppe von Göttinger Professoren, zu denen auch Jacob und Wilhelm Grimm zählten, »Die Göttinger Sieben«. Der Hintergrund war allerdings keineswegs märchenhaft, ging es der Gruppe doch darum, den angekündigten Verfassungsbruch des neuen Königs von Hannover, Ernst August I., öffentlichkeitswirksam anzuprangern. Dass sich zu diesem Schritt genau sieben Professoren bereitfanden, lag indes daran, dass der große Rest des 42-köpfigen Kollegiums jene zu erwartenden Konsequenzen scheute, die denn auch am 14. Dezember – zwei Tage vor Wilhelm Grimms 51. Geburtstag – auf dem Fuße folgten: Alle sieben wurden ihrer Ämter enthoben und mussten die Stadt binnen drei Tagen verlassen.

zwölf Brüder‹, Nr. 49: ›Die sechs Schwäne‹), lag der »Raben«-Stoff den Grimms wohl so sehr am Herzen, dass besagtes Märchen mit der laufenden Nr. 25 in der 1819 erscheinenden zweiten Auflage an gleicher Stelle wieder auftaucht – wenn auch von Grund auf gewandelt:

Ein Mann hatte sieben Söhne und immer noch kein Töchterchen, sosehr er sich's auch wünschte; endlich gab ihm seine Frau wieder gute

Denkmal der Brüder Grimm von Syrius Eberle in Hanau

Hoffnung zu einem Kinde, und wie's zur Welt kam, war es auch ein Mädchen. Die Freude war groß, aber das Kind war schmächtig und klein und sollte wegen seiner Schwachheit die Nottaufe haben. Der Vater schickte einen der Knaben eilends zur Quelle, Taufwasser zu holen: Die andern sechs liefen mit, und weil jeder der Erste beim Schöpfen sein wollte, so fiel ihnen der Krug in den Brunnen. Dem Vater ward angst, das Mädchen müsste ungetauft verscheiden, und im Ärger rief er: »Ich wollte, dass die Jungen alle zu Raben würden.« Kaum war das Wort ausgeredet, so hörte er ein Geschwirr über seinem Haupt in der Luft, blickte in die Höhe und sah sieben kohlschwarze Raben auf und davon fliegen.

Der Rest verläuft wie in der Erstversion: Das Schwesterlein macht sich auf die Suche, findet die Brüder, wird von ihnen erkannt, *und sie herzten und küssten einander und zogen fröhlich heim.*

Ähnlich wie bei den sieben Raben griff das Siebenmuster nach und nach auch in anderen Kinder- und Hausmärchen

---

Entgegen der landläufigen Auffassung, Jacob und Wilhelm Grimm seien von Dorf zu Dorf gezogen, um eifrig jene Märchen und Legenden mitzunotieren, die man ihnen unter dem Lindenbaum oder im Gasthaus erzählte, bewegte sich das sprach- und mythenforschende Brüderpaar in Wahrheit nur selten aus seinen Bibliotheken fort. Waren es anfangs vor allem belesene Frauen wie die Kasseler Schwestern Hassenpflug, die Schwälmer Pfarrerstochter Friederike Mannel oder die Schwestern Annette und Jenny von Droste-Hülshoff, die den Grimms Märchenstoffe, Mythen und Legenden zutrugen, so griffen die Grimms zunehmend direkt auf die literarischen Quellen zu, darunter mittelalterliche Versnovellen und Legenden, Schwank- und Anekdotenbücher, Tierfabel-Sammlungen, Wunderzeichenbücher sowie – vor allem – die Märchensammlungen des Neapolitaners Giambattista Basile (1575 bis 1632) und des französischen Ministerialbeamten und Schriftstellers Charles Perrault (1628–1703). Bereits im Anhang zu den ›Drei Raben‹ verwiesen Jacob und Wilhelm Grimm auf das Märchen ›Li sette palom-

Platz, bis schließlich in der letzten von den Grimms autorisierten Auflage von 1850 jedes sechste Märchen in irgendeiner Form Bezug auf die Sieben nahm. Es war dies im großen Ganzen jene Version, die sich ab der Mitte des 19. Jahrhunderts von Europa ausgehend in alle Welt verbreitete, wo ›Grimm's fairy tales‹, ›Les contes de Grimm‹ oder ›Gurimu Meisaku Gekijo‹ seither nicht nur als Inbegriff des Märchens schlechthin gelten, sondern auch das Bild der Deutschen wesentlich mitprägen.

So gibt es nur wenige Menschen in Spanien, Mexiko, Argentinien, Chile oder Ecuador, denen ›Schneewittchen und die sieben Zwerge‹ nicht als ›Blancanieves y los siete enanitos‹ vertraut wären. Ebenso wie sich die Siebenmeilenstiefel in Frankreich, Haiti und Teilen Afrikas als »Bottes de sept lieues« etablierten oder wie ›The Wolf And The Seven Little Goats‹ (›Der Wolf und die sieben Geißlein‹) in Groß-

mielle – Die sieben Täubchen‹ aus Giambattista Basiles Märchensammlung ›Pentamerone‹, in der es im Übrigen von sieben Speckschwarten, sieben Spindeln, sieben Feigen, sieben Paar Eisenschuhen, sieben Schilfblättern, sieben Palästen und anderen Siebenbezügen nur so wimmelt. Obwohl auch der Franzose Perrault weitgehend aus Vorhandenem schöpfte, kommt ihm das Verdienst zu, die jeweilige Erstversion der populärsten Grimm'schen Märchen verfasst zu haben, welche da heißen: ›Rotkäppchen‹, ›Frau Holle‹, ›Der gestiefelte Kater‹, ›Aschenputtel‹ und ›Dornröschen‹. Ähnlich wie Basile steigert auch Perrault die dramatische Wirkung gerne durch den Einsatz der Sieben. So ist ›Le petit poucet‹ – zu Deutsch: ›Der kleine Däumling‹ – schon bei Perrault zugleich der kleinste und klügste einer siebenköpfigen Brüderschar, die von ihren Eltern mangels Geld für Nahrung ins Leben entlassen wird und prompt bei einem Menschenfresser landet, der nicht nur sieben Töchter, sondern fatalerweise auch ein Paar Siebenmeilenstiefel sein Eigen nennt.

britannien, Nordamerika, Australien und Neuseeland die Furcht vor »Isegrimm« am Leben hält.

Dass die Grimms schon zu Lebzeiten sowohl ihre Vorgänger als auch die zeitgenössische Konkurrenz ausstachen, lag allerdings weniger an der reichhaltigen Sammlung als an der poesiereichen Sprache, mit der Wilhelm Grimm den oftmals recht simplen Vorlagen eigenen Glanz verlieh, wie der Einstieg in Grimms ›Schneewittchen‹-Version zeigt:
Es war einmal mitten im Winter und die Schneeflocken fielen wie Federn vom Himmel herab, da saß eine Königin an einem Fenster, das einen Rahmen von schwarzem Ebenholz hatte, und nähte. Und wie sie so nähte

Der Wolf und die sieben Geißlein, spanischer Buchumschlag

und nach dem Schnee aufblickte, stach sie sich mit der Nadel in den Finger und es fielen drei Tropfen Blut in den Schnee. Und weil das Rote im weißen Schnee so schön aussah, dachte sie bei sich: »Hätt' ich ein Kind so weiß wie Schnee, so rot wie Blut und so schwarz wie der Rahmen!«

Der Einstieg in die ›Schneeweißchen‹-Adaption des Weimarer Bibliothekars Ludwig Bechstein gestaltet sich vergleichsweise überhastet: *Das kleine Schneeweißchen, der Königin Stieftochter, wuchs heran und wurde die schönste Prinzessin, die es nur geben konnte, und wurde noch viel schöner als die schöne Königin. Diese fragte, als das Schneeweißchen sieben Jahr alt war, einmal wieder ihren treuen Spiegel: »Spieglein, Spieglein an der Wand, wer ist die Schönst' im ganzen Land?«*

Gleichwohl waren Bechsteins ›Märchen‹ in den deutschen Landen lange Zeit fast ebenso gern gelesen wie jene der Grimms und durchaus weiter verbreitet als Bechsteins ›Sammlung deutscher Sagen‹, wo es auch bei Rübezahl & Co an Siebenbezügen nicht mangelt: *Sein Vater prägte seinen sieben Buben fleißig die goldene Lehre ein: Kinder, was ihr tut, das treibt mit Ernst; darum trieb er sein Gewerbe unverdrossen, ohne dass sein Nahrungszustand dadurch gefördert wurde.* Und auch die »Schildbürger« lernen von klein auf den richtigen Umgang mit der Sieben: *Kaum dass der Kaiser abgereist war, wendeten sich die Schildbürger wieder mit neuem Mut und Eifer ihren Berufen zu. Der Schmied beschlug die Pferde. Der Schulmeister brachte den Kindern das Einmaleins mit der Sieben bei.* Der Rattenfänger von Hameln schreitet zu seiner Rachetat nicht um sechs, acht oder zwölf Uhr, sondern: *Am 24. Juni, am Tage Johannis des Täufers, morgens früh um sieben Uhr erschien er wieder, diesmal in Gestalt eines Jägers, mit finsterem Blick, einen roten, wunderlichen Hut auf dem Kopf. Wortlos zog er seine Pfeife hervor und ließ sie in den Gassen hören. Und in aller Eile kamen diesmal nicht Ratten und Mäuse, sondern Kinder, Knaben und Mädchen.*

Das sagenhafte Geisterschiff namens »Der Fliegende Holländer« geht nur alle sieben Jahre vor Anker, und ein höchst populärer mittelalterlicher Schelm narrt gar Schulrektoren mit der Zahl der Zahlen: *Der Rektor stand beschämt da und stellte seine zweite Frage: »Sage mir, wie viel Tage sind vergangen von Adams Zeiten bis auf diesen Tag?« Eulenspiegel antwortete kurz: »Nur sieben Tage; und wenn die herum sind, so heben sieben andere Tage an. Das währt bis zum Ende der Welt.«*

Wie sehr sich die Genres Volksmärchen und Kunstmärchen im 19. Jahrhundert vermischten, indem Märchensammler zugleich als Autoren in Erscheinung traten, zeigt das Beispiel des 1854 in Australien geborenen Joseph Jacobs. Nachdem Jacobs sein Studium der Mathematik und Chemie in Sydney begonnen und in Cambridge (England) abgeschlossen hatte, immatrikulierte er sich 1877 an der Berliner Humboldt-Universität, um sich fortan mit Geschichte und Literatur zu befassen. Kaum in Deutschland angekommen, begann Jacobs sich für Märchen zu begeistern. Es waren die Märchen der Brüder Grimm und des Franzosen Perrault, die Jacobs zu einer Märchensammlung und schließlich auch zu eigenen Schöpfungen ermutigten, in denen sich – wer hätte auch nur sieben Sekunden lang daran gezweifelt – ein ums andere Mal die Sieben ein Stelldichein gab: *Und er flog über sieben Wegkrümmungen, sieben Schluchten und sieben Hochmoore, bis er schließlich zum Kristall-Berg gelangte.* – Man hatte ihm von einem König berichtet, dessen sieben Töchter sich in Schwanenfedern kleideten und damit flogen, wohin es ihnen beliebte.

Ohne akademische Ehren, dafür mit dem Background eines gescheiterten Hühnerfarmers und Schmierölproduzenten startete Jacobs' amerikanisches Pendant Frank L. Baum seine Karriere als Märchenerzähler, welche in dem Welterfolg ›The Wonderful Wizard Of Oz‹ (›Der Zauberer von Oz‹) gipfelte. Dessen Heldin Dorothy macht gleich zu Beginn ihrer magischen Reise Bekanntschaft mit der besonderen Zahl: *Dorothy verabschiedete sich von all ihren Freunden, außer Toto, nahm den Hund auf den Arm und folgte dem grünen Mädchen durch sieben Korridore.*

Vermutlich stammen nur vier seiner populären ›Lügengeschichten‹ aus der Feder des 1720 geborenen Hieronymus Carl Friedrich Freiherr von Münchhausen, doch setzt sich auch bei dem erzählfreudigen Braunschweiger Aristokraten die Sieben ungehemmt in Szene: *Zur linken Seite unseres Weges standen sieben Windmühlen in einer Reihe, deren Flügel so schnell um ihre Achsen schwirrten als ein Rückenspindel der schnellsten Spinnerin.* Oder: *Auch wuchs auf dieser Insel oder diesem Käse eine Menge Korn, mit Ähren, die wie Erdschwämme aussahen, in denen Brote lagen, die vollkommen gar waren und sogleich gegessen werden konnten. Auf unsern Streifereien über diesen Käse entdeckten wir sieben Flüsse von Milch und zwei von Wein.* Und: *Nun ging ich auf die Hühner zu, drückte, sowie sie aufflogen, ab und hatte das Vergnügen zu sehen, dass mein Ladstock mit sieben Stücken, die sich wohl wundern mochten, so früh am Spieße vereinigt zu werden, in einiger Entfernung allmählich heruntersank. – Wie gesagt, man muss sich nur in der Welt zu helfen wissen.*

Beispiele finden sich zuhauf auch in den sogenannten »Kunstmärchen« – wie etwa in jenem, das der Schriftsteller Wilhelm Hauff 1826 in seinem 25. und letzten Lebensjahr verfasste. Es ist das Märchen vom Schuhmachersohn Jakob, der von einer Hexe gegen seinen Willen in Dienst genommen und in einen Zwerg verwandelt wird, so dass ihn schließlich nicht einmal mehr seine eigenen Eltern erkennen: *Der arme Jakob wusste nicht, was er von diesem allem denken sollte. War er doch, wie er glaubte, heute früh wie gewöhnlich mit der Mutter auf den Markt gegangen, hatte ihr die Früchte aufstellen helfen, war nachher mit dem alten Weib in ihr Haus gekommen, hatte ein Süppchen verzehrt, ein kleines Schläfchen gemacht und war jetzt wieder da, und doch sprachen die Mutter und die Nachbarinnen von sieben Jahren! Und sie nannten ihn einen garstigen Zwerg! »Wo ist denn aber euer Sohn?«, fragte Jakob mit zitternder Stimme seinen Vater. »Das weiß Gott«, antwortete er, »vor sieben Jahren, ja, so lange ist's jetzt her, wurde er uns vom Markte weg gestohlen.« – »Vor sieben Jahren!«, rief Jakob mit Entsetzen. »Ja, kleiner Herr, vor sieben Jahren.«*

Kaum ein arrivierter Schriftsteller des 19. Jahrhunderts, der die Gattung »Kunstmärchen« nicht um eigene, wenngleich nur selten erfolgreiche Schöpfungen bereichert hätte, so unter anderem Johann Wolfgang Goethe (›Das Märchen‹, ›Der neue Paris‹, ›Die neue Melusine‹), die graue Weimarer Dichter-Eminenz Christoph Maria Wieland (dessen ›Lulu

---

Keine Frage, dass der zu Lebzeiten als Dandy und Skandalautor verschriene irische Schriftsteller Oscar Wilde, dessen Vater Bücher über irische Folklore und den Gulliver-Autor Jonathan Swift verfasst hatte, von klein auf vertraut war mit jenem keltischen Märchenfundus, der in England, Irland, Wales und Schottland jeweils eigene Ausprägungen fand und wo es beispielsweise über das rätselhafte Verhalten eines königlichen Pferdes heißt: *Hatte er bisher schon viel Lärm verursacht, so war der Lärm nun sieben Mal größer.*

Wie bei den Brüdern Grimm geht es auch in den Volksmärchen Großbritanniens oftmals um das besondere Verhältnis zwischen Mensch und Tier. Und – man ist geneigt zu sagen: natürlich – um die Sieben. Etwa wenn es in ›King O'Toole And His Goose‹, ›König O'Toole und seine Gans‹, heißt: »Wenn du das tust«, sprach König O'Toole, »erkläre ich dich für den schlauesten Burschen aller sieben Gemeinden«, desgleichen in ›The Wooing Of Olwen‹, ›Das Werben um Olwen‹: *Und er kam nach Irland, wo der Eber Truith mit seinen sieben Frischlingen lebte*, in dem Märchen ›The Goat Skin‹, ›Das Ziegenfell‹, dessen Handlung wohl nicht ganz zufällig an Grimms ›Goldene Gans‹ erinnert: *Es wurde verkündet, dass die Königstochter in sieben Jahren nicht ein einziges Mal gelacht habe.*

»Sieben Jahre« finden sich auch in ›The Battle Of The Birds‹, ›Der Kampf der Vögel‹: *Seit sieben Jahren ist der Stall nicht mehr gesäubert worden*, oder im Sherwood Forrest, wo Robin Hood bekanntlich König Richards Feinde ein ums andere Mal das Fürchten lehrt: *Und den Blinden, den ließ er sehn; und der ein Krüppel seit sieben Jahrn, der konnte schneller als John jetzt gehn.*

oder die Zauberflöte‹ die literarische Vorlage für Mozarts Oper ›Die Zauberflöte‹ bildete), Ludwig Tieck (›Der blonde Eckbert‹), Adelbert von Chamisso (›Peter Schlemihls wundersame Geschichte‹) oder Clemens von Brentano (›Gockel, Hinkel und Gackeleia‹), um nur einige wenige zu nennen. Der erfolgreichste Verfasser von Kunstmärchen war indes der 1805 im dänischen Odense geborene Schuhmachersohn

Hans Christian Andersen (1805-1875), Foto aus dem Jahr 1860

Hans Christian Andersen. Mit rund 160 Märchen reicht die Zahl von Andersens Schöpfungen beinahe an die Sammlung der Grimms heran. Und ähnlich oft wie bei dem deutschen Professoren-Brüderpaar kommt auch bei Andersen die Sieben zu Ehren: Keine Frage, dass sowohl der »Sandmann« wie auch »Ole Lukøie« den Kindern jeweils sieben Geschichten zu erzählen wissen – dass »Des Hauswarts Sohn« den Kreml mit Kuppeln und Türmen malt, die an »sieben große, grüne und vergoldete Gurken« gemahnen – dass man »Unter dem Weidenbaum« von »sieben Etagen« hohen Seidenvorhängen träumt – dass der arme »Krüppel-Hans« vom »König des Landes« eingeladen wird, sich an »sieben Gerichten« zu laben – dass auf den Wiesen der »Moorfrau« »sieben Stück Vierklee« nebeneinander wachsen – dass sich »Die Schnellläufer« vor einem Kampfgericht messen, das diese Ehre »schon sieben Mal« innehatte – dass »Der böse Fürst« sieben Jahre lang an einem Schiff bauen lässt, um damit »Gott zu besiegen« – oder dass »Der Elfenhügel« von sieben Elfenmädchen bevölkert wird.

So ließen sich denn endlos viele Siebenbezüge in den Kunstmärchen zitieren, von Gerdt von Bassewitz' ›Peterchens Mondfahrt‹ (*das Schönste aber war der Thron der Nachtfee in der Mitte des Saales. Aus einem einzigen grünen Edelstein waren seine Stufen geschnitten, aus Perlen war der Sitz, die Lehne aus Silber, und sieben blaue Sterne funkelten leise darüber in der Luft*) über Carlo Collodis ›Pinocchio‹ (*wenn du keine Angst vor uns hast, haben wir auch keine Angst vor dir. Vergiss nicht: Du bist allein, und wir sind zu siebt*) oder E.T.A. Hoffmanns ›Nussknacker und Mäusekönig‹, der Vorlage zu Peter Iljitsch Tschajkowskys ›Nussknacker-Suite‹ (*dicht vor ihren Füßen sprühte es, wie von unterirdischer Gewalt getrieben, Sand und Kalk und zerbröckelte Mauersteine hervor und sieben Mäuseköpfe mit sieben hell funkelnden Kronen erhoben sich recht grässlich zischend und pfeifend aus dem Boden. Bald arbeitete sich auch der Mausekörper, an dessen Hals die sieben Köpfe angewachsen waren, voll-*

ends hervor und der großen, mit sieben Diademen geschmückten Maus jauchzte in vollem Chorus dreimal laut aufquiekend das ganze Heer entgegen, das sich nun auf einmal in Bewegung setzte), bis zu Oscar Wildes ›The selfish giant‹ (›Der selbstsüchtige Riese‹): *Eines Tages kam der Riese zurück. Er hatte seinen Freund besucht, den Menschenfresser von Cornwall, und er war sieben Jahre lang bei ihm geblieben. Nachdem die sieben Jahre vergangen waren, hatte der Riese all das gesagt, was zu sagen war; seine Gesprächsbereitschaft war nämlich begrenzt, und so entschied er sich dafür, in sein eigenes Schloss zurückzukehren.*

Kurzum: Wir finden sieben Jahre, Meilen, Nächte, Berge, Schlösser, Bataillone, Speere, Spiele, Tote, Tage, Übeltäter, Schlachten, Hexen, Moore, Täler, Geister und was da sonst noch in siebenfacher Ausfertigung spuken, kreuchen, dräuen, glitzern oder fleuchen mag. Und dennoch – ginge es etwa darum, ein Märchen allein anhand seiner Siebenbezüge lokalisieren zu wollen, so wäre dies meist ein hoffnungsloses Unterfangen, wie die folgenden Märchenzeilen aus den unterschiedlichsten Ländern belegen.

Mexiko: *Am darauf folgenden Tag heirateten sie. Anschließend sagte sie ihm:* »*Morgen werde ich meinen Bruder rufen, um ihm zu sagen, dass ich dich geheiratet habe. Aber du darfst dich nicht vor ihm erschrecken. Er ist sieben Fuß hoch*« (›Die drei wundersamen Dinge‹).

Korea: *Sobald der Jüngling ausgeredet hatte, kamen sieben Feen herbei und geleiteten ihn in einen prachtvollen Palast. Dessen goldene Dachtraufen und Ziegel schimmerten so hell, dass er unwillkürlich seine Augen schloss* (›Der magische Geldbeutel‹).

Australien: *Nur eines hatten sie ihm aufgetragen: dass er jeden Morgen sieben Eimer Wasser von einer Quelle herbeiholen sollte* (›Das magische Windlicht‹).

Polen: *Stachelsöhnchen ritt schnurstracks zum Schloss des Königs. Dieser speiste gerade mit seinen sieben Töchtern und war sehr erschrocken, als er den Igel sah.*

Sibirien: *Die Großmutter sprach: »Alle sieben Menschenstämme haben deinetwegen das Feuer verloren. Wie werden wir weiterleben? Gib deinen Sohn her!« Und die Mutter opferte ihren Sohn.*

Kamerun: *Sieben Mädchen zogen zum Fluss auf Krebsfang, ein Hund begleitete sie. Sie fingen auch eine ganze Menge Krebse, aber es dauerte nicht lange, da verfolgte sie der Wasserdämon, der in diesem Fluss lebte* (›Der Hund als Retter‹).

China: *»Wir sind deren Abkömmlinge in siebenter Generation. Warum redet ihr jungen Bengel derart respektlos über sie?«, sagten die zwei Alten. Die Frage verwirrte die Knaben umso mehr, als sie sich nicht vorstellen konnten, wie man Abkömmlinge in der siebenten Generation haben könne* (›Die Feengrotte‹).

Provence: *Als es Abend wurde, begab sie sich von neuem auf das Feld. Lange, lange Zeit wanderte sie in der tiefsten Finsternis. Ihr Herz pochte wie sieben Schmiedehämmer.*

Indem sie von der Bedeutung der Naturgewalten und den Ursprüngen allen Seins berichten, nähren die Märchen und Mythen indigener Kulturen nicht etwa den Traum von persönlichem Reichtum, sondern tragen vor allem dazu bei, den Respekt vor den Rätseln des Lebens und Sterbens zu wahren. Es ist der animistische Glaube an die Allbeseelung der Welt, der Tieren, Menschen, Geistern und Pflanzen ihre jeweilige Rolle in den Märchen zuweist. Dementsprechend spielen Zahlen, so diese höher als drei sind, in den Märchen Afrikas, Australiens, Ozeaniens, Asiens, Süd- oder Nordamerikas so gut wie keine Rolle. Einzige Ausnahme bilden jene Weltentstehungsmythen, in denen auf scheinbar wundersame Weise dennoch ein ums andere Mal von der Sieben die Rede ist und auf die wir daher in einem späteren Kapitel zurückkommen wollen.

Von den sieben Töchtern und den sieben Söhnen zweier benachbarter Maharadschas erzählt das indische Märchen ›Punshkin‹. Bis die in Felsen und Bäume verwandelten Söhne endlich erlöst sind, wird die Sieben in diesem Märchen ebenso oft bemüht wie in ›Schneewittchen‹. Wie in vielen anderen Ländern und Kulturen, in deren Märchen die Sieben dramaturgisch wirksam ist, hat die Sieben auch in Indien oftmals die Grenze vom Mythos zur realen Welt überschritten, allen voran in Indiens Hauptstadt Neu-Delhi, deren sieben Stadttore samt Delhis Beinamen »Stadt der sieben Städte« darauf verweist, dass die 15-Millionen-Metropole auf den Trümmern von sieben Städten errichtet wurde. Durch sieben Stadttore führte ursprünglich auch der Weg nach Damaskus (Syrien), nach Rovinj (Istrien), ins südenglische Canterbury, ins westfälische Soest, nach Wien und nach Basel, welches zudem sieben Rheinbrücken sein Eigen nennt. Dass einer der berühmtesten Söhne Basels, der Mathematiker Leonhard Euler, sich unter anderem mit dem »Königsberger Brückenproblem« befasste, lag unter anderem daran, dass auch die Königsberger Stadthälften durch sieben Brücken über den Pregel verbunden waren. Schließlich wären – Pars pro Toto – noch die Siebenhügel-Städte Rom, Konstantinopel und Plovdiv zu erwähnen, ebenso das Siebenbürgen des Romanhelden Graf Dracula. Den Vogel aller Sieben-Lokalitäten schießen indes das spanische Olmedo (La Villa de los siete sietes – Die Stadt der sieben Siebenen) sowie Rostock ab, dessen einstmals sieben Wahrzeichen – auch »Kennewohrn« genannt – in einem Stadtgedicht von 1596 so beschrieben werden:

Sieben Türme der St. Marien Kirche,
Sieben Straßen bei dem großen Markt,
Sieben Tore, die in das Land führen,
Sieben Kaufmannsbrücken bei dem Strand,
Sieben Türme, die auf dem Rathaus stehen,
Sieben Glocken, die zugleich schlagen,
Sieben Lindenbäume im Rosengarten:
Das sind die Rostocker Wahrzeichen.

Szene aus der ›Geschichte des Prinzen Kamar es-Saman‹; Zeichnung von Franz von Bayros aus: ›1001 Nacht‹; Übersetzung: Carl Theodor Ritter von Riba, 1913

Läse man die jeweiligen Märchen zu Ende, so würde sich der betreffende geografische Bezug anhand der Namen, der vorkommenden Tiere oder der Umweltgegebenheiten meist mühelos erschließen. Fast mag es so scheinen, als sei die Sieben das einzig bindende Element zwischen den Volksmärchen Nordamerikas (*Da ihre kleine Hütte wenigstens sieben Sonnenuntergänge von der nächsten entfernt war*), Nordrusslands (*Sieben Werst weit watete der Kranich durch den Sumpf*), Südrusslands (*Zwischen seinen Ohren finden sieben Kamele Platz*), Zentralafrikas (*Als das Schaf hörte, dass die Fledermaus die sieben Kinder des Leoparden getötet hatte, freute es sich sehr*), Norwegens (*Der Bursche meinte aber, er werde dableiben, und hätte er sieben Köpfe*), Persiens (*Und die Katze miaute: »Jedes Jahr bringe ich sieben*

Titel und Inhalt von ›Tausendundeine Nacht‹ fußen auf dem altpersischen Erzählwerk »hazar afsan« (Tausend Erzählungen), welches seinerseits aus indischen Quellen schöpft. Indischen Ursprungs ist auch die Rahmenhandlung, in der des Wesirs Tochter, Sheherazade, dem König eine Geschichte nach der anderen erzählt, um dessen Hinrichtungslust zu beschwichtigen und zugleich des Königs Liebe zu gewinnen. Als das Werk im 8. Jahrhundert unter dem Titel ›Alf Layla‹ (›Tausend Nächte‹) erstmals ins Arabische übersetzt wird, gilt es auch den Arabern als »orientalisches« Werk. In den folgenden Jahrhunderten wird das Werk zunehmend »arabisiert«, werden die ursprünglichen Erzählungen nach und nach durch ägyptische Märchen, islamische Elemente sowie Geschichten um den Kalifen Harun ar-Raschid ersetzt, bis schließlich ausgangs des 18. Jahrhunderts der Titel ›Tausendundeine Nacht‹ von der endgültigen Form kündet. Dennoch erscheinen die meisten Ausgaben und Übersetzungen weltweit nur in einer auf die erzählerisch attraktivsten und populärsten Elemente verkürzten Form. Was in den meisten Ausgaben fehlt, sind jene Erzählstränge, in denen von Allah, dem Propheten Mohammed, den Verwerfungen der Dschehennah und den sieben Himmeln der Glückseligkeit gekündet wird …

Kinderlein zur Welt, sieben hübsche Katerchen«) oder Kroatiens (*Geh zur Köchin und befiehl ihr, sieben Mal gesiebtes Mehl aus der Mühle zu holen, daraus sieben Mal den Teig zu kneten, daraus ein Brot zu formen, es sieben Mal durchzubacken und es vor das Schlosstor zu legen*). Somit wird deutlich, dass es nicht erst der bekannten Siebenbezüge in Grimms Märchen oder bei Andersen bedurfte, um die magische Sieben von klein auf im kollektiven Unbewussten (C. G. Jung) des Weltgedächtnisses zu verankern. Die Sieben war – egal ob in der Steppe Sibiriens, den Wäldern des Siebengebirges, den Ufern des Kaspischen Meers, der Inselwelt Japans, den Randgebieten der Sahara oder der Savanne Nordamerikas – schon vorher da!

Woher – so lautet folglich die Frage – hatten aber diese braven Hirten, Dorfbewohner, Fischer, Nomaden, Jäger oder Ackerbauern jenen Stoff, in dem sich die Sieben ein ums andere Mal gleichsam schachtelteufelartig in Szene setzt? Um uns einer Antwort auf diese Frage zu nähern, wollen wir uns kurz der neben Grimm und Andersen wohl berühmtesten Märchensammlung zuwenden: jenem morgenländischen Kollossalwerk, in dem die Sieben mit rund 300 Platzierungen gleichsam leitmotivisch wirkt. Und das nicht nur, wo es um die sieben Reisen Sindbad des Seefahrers geht. Gemeint ist natürlich ›Tausendundeine Nacht‹!

Würde man das mehrere tausend Seiten lange Werk im Eiltempo durchfliegen, so könnte man die wesentlichen Elemente der Handlung mühelos anhand der jeweiligen Siebenbezüge erkennen. So vermitteln etwa beim Einstieg »sieben Vorhängeschlösser«, »sieben Schlüssel«, »sieben Männer«, »sieben Sklaven«, »sieben weiße Haare« oder »sieben Schritte« zunächst das Gefühl düsterer Machtausübung seitens des Königs, bevor nach und nach Sheherazades erzählerische Kraft an Macht gewinnt (»sieben Geldpakete«, »sieben Kapitäne«, »sieben Vorzimmer«, »sieben Hörner«, »sieben Paläste«, »sieben Klimata«, »sieben Handschriften«, »siebenfarbige Seide«, »sieben Prinzen«, »sieben Kuchen«, »sieben Marmortafeln«, »sieben Locken«, »sieben Körbe«, »sieben Prinzessinnen«, »sieben Oasen«, »sieben Juwelen« oder »sieben Teppiche«). Ab dem sechsten Band wird dann vermehrt islamischen Elementen Raum gegeben (70 000 Ungläubige, sieben Lesungen des Koran, siebzig in Mekka offenbarte Suren, sieben Himmel und sieben Höllen), bis sich am Ende Sheherazade und ihre Schwester Dunyazade nacheinander in jeweils sieben Kleider gewanden, um die (natürlich längst getroffene) Entscheidung des Königs zu erfahren.

Ein direkter Blick in den Koran würde genügen, um darin – neben den sieben Himmeln – sogleich auf eine respektable Reihe weiterer Siebenbezüge zu stoßen. Nur im Koran? Ist nicht auch im Alten und Neuen Testament der Bibel von jenem »siebten Tag« die Rede, an dem der Herr nach vollbrachter Schöpfung ruhte? Und sprach nicht Jesus am Kreuz sieben letzte Worte?

Auch im Judentum, der ältesten abramitisch-monotheistischen Weltreligion, kommt der Sieben eine prominente Position zu – Stichwort: Menora. Liegt also der Ursprung der magischen Sieben am Ende nicht in den Mythen,

---

Ohne Zweifel spielt das religiöse Motiv auch in dem eingangs zitierten Raben-Märchen der Brüder Grimm eine Rolle, als sich von der ersten zur zweiten Auflage nicht nur der Einstieg (Nottaufe statt Kartenspiel), sondern auch die Zahl der verwunschenen Söhne (sieben statt drei) erhöhte – ein Wandel, der ganz offensichtlich auch durch die »sieben Sakramente« der katholischen Kirche motiviert wurde, von denen die Taufe bekanntlich das erste und grundlegendste ist. In der Tat begannen sich Grimms Märchen ab der zweiten Auflage christlich zu wandeln, machten blutrünstig-archaische Ansätze mehr und mehr (wenn auch nicht immer) einer Art christlicher Moral Platz, wuchs die Zahl der Sieben-Märchen von ursprünglich 13 auf 33.

Märchen und Legenden der Völker begründet, sondern in deren Religionen? Sollte man daher, statt von einer »magischen«, nicht besser von einer »mystischen« oder gar »heiligen« Zahl sprechen?

»Siebzig Mal sieben« – spricht Jesus

Die Sieben als heilige Zahl

Wer sich durch den Märchenfundus der sechs Kontinente liest (allein die Antarktis hat zum Welt-Märchenerbe bislang nichts beigetragen), dem begegnen dort immer wieder auch Motive der jeweils herrschenden Religionen – sei es, dass zur Stützung der Märchenmoral die sieben Sakramente oder die sieben Todsünden beschworen werden; sei es, dass die sieben Himmel poetisch wirksam werden; sei es, dass die Märchenhelden und -heldinnen die Götter des Hinduismus, den Propheten, Gott oder Allah persönlich anrufen.

Es ist also kein Wunder, dass Märchentexte und religiöse Schriften einander teils zum Verwechseln ähneln und dass sich hier wie dort insbesondere *ein* uns wohlbekanntes Element immer wieder machtvoll in Szene setzt.

»Nimm dir das zu Herzen«, dröhnte eine Donnerstimme. »Das Wasser ist so tief, mit derart wechselnden Strömungen, dass eine Axt, die vor sieben Jahren hineinfiel, noch immer nicht den Grund erreicht hat«, heißt es da in den ›Jewish Fairy Tales‹. Und in der heiligen jüdischen Schrift, dem Tenakh beziehungsweise Tanach, steht zu lesen (Daniel 4.16): *Und vom Tau des Himmels mag er benetzt werden, und bei den Tieren des Feldes soll er sein Teil haben, bis sieben Jahre über ihn hingegangen sind!*

Rund 300 Mal erscheint die Sieben in den fünf Büchern der ›Thora‹, den ›Nevi'im‹ (Propheten) und den ›K'tuvim‹ (Schriften) – und nicht ein einziges Mal in belanglosem Zusammenhang. Etwa: *Der Herr aber sprach zu ihm: (...) Jeder, der*

Wollte man die Historie des Judentums mit drei Schlagwörtern skizzieren, so müssten diese wohl lauten: Vertreibung, Diaspora, Neubeginn. Die Anfänge datieren zwischen 1500 und 1200 vor Christus, als sich von den Hochkulturen Mesopotamiens und Ägyptens aus kleinere Gruppen aufmachten, um das teils recht fruchtbare Gebiet am Ostrand des Roten Meeres namens Kanaan zu besiedeln und sich mit den dort lebenden Halbnomaden zu Stammesverbänden zu vereinigen. Unter einer latenten äußeren Bedrohung formierten sich die Stämme bald zu einem Staatswesen, welches schließlich um das Jahr 1000 vor Christus in einem Jerusalemer Königtum mündete.

Auf König Saul folgte David, dann sein Sohn Salomo, dessen religionshistorische Leistung vor allem in der Errichtung des siebenstufigen Jerusalemer Tempels bestand. Längst hatte sich in Israel und dem nördlichen Judäa aus mitgebrachten, vorhandenen sowie neu entstehenden Kulten und Mythen eine eigene Religion gebildet, deren beinahe revolutionäre Besonderheit darin bestand, dass sie sich als erste Religion der Kulturgeschichte exklusiv auf einen einzigen Gott bezog: JHWH (sprich: Jahwe) – heißt: »Ich werde sein, der ich sein werde.« Indes sollte es von deren Anfängen um 1300 vor Christus rund 700 Jahre dauern, bis aus den zunächst mündlich, später schriftlich überlieferten Texten die erste Heilige Schrift des Judentums erstand. Auslöser hierfür war 598 vor Christus die Verschleppung der jüdischen Geisteselite durch den babylonischen König Nebukadnezar nach Babylon.

In der 59-jährigen Diaspora jenes babylonischen Exils tat sich religionshistorisch Gewaltiges. Nicht nur entstanden hier die ersten Synagogen, sondern es wurden auch und vor allem die fünf Bücher Mose zur ›Thora‹ (= »Weisung«) kanonisiert – und damit die Basis für zwei weitere Weltreligionen geschaffen. Es war dies im Übrigen jenes selbe Babylon, dessen Schriftgelehrte und Astronomen längst von den »sieben Flüssen«, den »sieben Himmeln« und »sieben Meeren« kündeten und dessen bedeutendste Mythen von den sieben Locken des Gilgamesch und der Schlange mit sieben Köpfen und sieben Zungen zu berichten wussten.

Kain erschlägt, soll siebenfach gerächt werden! So schildert Moses in seinem ersten Buch (hebräisch: *Bereishit*; griechisch: *Genesis*) Gottes Rachevorbehalt gegenüber dem Brudermörder Kain, der seine Untat obendrein vor dem Herrn leugnet. Und als Gott später gewahr wird, dass Kains schlimme Charaktereigenschaften sich offenbar auf dessen Nachkommenschaft vererbt haben, fasst er den radikalen Entschluss, die missratene Sippschaft in einem Aufwasch zu beseitigen. Mit einer Ausnahme (Bereishit 7.1):

Und der Herr sprach zu Noah: Geh in die Arche, du und dein ganzes Haus; denn dich habe ich gerecht vor mir erfunden in dieser Generation. Von allem reinen Vieh sollst du je sieben zu dir nehmen, ein Männchen und sein Weibchen; und von dem Vieh, das nicht rein ist, je zwei, ein Männchen und sein Weibchen; auch von den Vögeln des Himmels je sieben, ein männliches und ein weibliches: um Nachwuchs am Leben zu erhalten auf der Fläche der ganzen Erde! Denn noch sieben Tage, dann lasse ich es auf die Erde regnen.

Der Rest ist biblische Geschichte. Nach vierzig Tagen und Nächten endet der sintfluterzeugende Regen. Und als Noah sieben Tage nach einer ersten erfolglosen Erkundungsmission eine zweite Taube aussendet, kehrt diese bereits am selben Abend mit einem Olivenzweig im Schnabel zurück und liefert damit ganz nebenbei die Vorlage für ein Friedenssymbol späterer nachchristlicher Jahrhunderte.

Als wäre die biblische Menschheitsgeschichte für sich genommen nicht schon spannend genug, reiht Moses in seinem ersten Buch ein hochdramatisches Ereignis an das nächste. Und stets zur Stelle, wenn irgendwo geopfert, gefeiert oder getrauert wird, ist die Sieben. So lässt Moses etwa im Kapitel 41 der Genesis den nach Ägypten verschleppten Urenkel des Stammvaters Abraham – Joseph – den gleichnishaften Traum seines obersten Arbeitgebers, des Pharao, wie folgt schildern: *Und siehe, aus dem Strom stiegen sieben Kühe herauf, schön von Aussehen und fett an Fleisch, und sie weideten im Riedgras. Und siehe, sieben ande-*

re Kühe stiegen nach ihnen aus dem Strom herauf, hässlich von Aussehen und mager an Fleisch, und sie stellten sich neben die Kühe ans Ufer des Stromes. Und die Kühe, die hässlich von Aussehen und mager an Fleisch waren, fraßen die sieben Kühe, die schön von Aussehen und fett waren. Da erwachte der Pharao. Und er schlief wieder ein und träumte zum zweiten Mal: Und siehe, sieben Ähren wuchsen auf an einem Halm, fett und schön. Und siehe, sieben Ähren, mager und vom Ostwind versengt, sprossten nach ihnen auf.

Kaum geträumt, schon erfüllt sich die Prophetie: Sieben fetten Erntejahren folgen sieben magere Jahre. Und hätte Joseph nicht die Metaphorik des pharaonischen Traumes entschlüsselt und in der Folge Unmengen Getreide gehortet, hätte Ägypten gewiss die siebenjährige biblische Hungersnot der Anrainerstaaten teilen müssen.

Auf die Genesis (= im Anfang) folgt ›Shemot‹ (Die Namen) und damit die Genealogie des Volkes Israel, des Exodus aus Ägypten und anschließenden Bundes mit Jahwe am Berg Sinai. Hier wie dort stets mit von der Partie: die Sieben: *Nun hatte der Priester von Midian sieben Töchter*, heißt es da etwa in Kapitel 2.16 – oder: *So vergingen sieben Tage, nachdem der Herr den Nil geschlagen hatte* (7.25). Gemeint ist die erste jener zehn biblischen Plagen, deren zehnte sich indes nurmehr gegen die ägyptischen Nachbarn richtet – Anlass im Gelobten Land, dem Herrn sieben Tage lang zu huldigen – mit einer kleinen Einschränkung: *Während der sieben Tage soll man ungesäuertes Brot essen, und kein gesäuertes Brot soll bei dir gesehen werden, noch soll Sauerteig in all deinen Grenzen bei dir gesehen werden* (13.7).

Und als das Volk Israel schließlich auch die letzte Auflage brav erfüllt (*Ebenso sollst du es mit deinem Rind und deinen Schafen halten; sieben Tage mag es bei seiner Mutter bleiben, am achten Tag sollst du es mir geben*), ist Gott endlich zum Bund mit Israel bereit. Sogleich bestellt er Moses samt Bruder Aaron, dessen Söhnen und den siebzig Ältesten des Volkes zum Gipfeltreffen auf den Berg Sinai ein. Wer indes gehofft hatte, dass Gott fortan seine gottesdienstlichen Ansprüche zurückschrauben würde, sah sich enttäuscht. So ist Moses drittes Buch (›Vajikra‹ = Und er rief) im Gegenteil randvoll mit höchst peniblen Huldigungsvorschriften: *Und der gesalbte Priester nehme von dem Blut des Stieres und bringe es in das Zelt der Begegnung (4.5). Und der Priester tauche seinen Finger in das Blut und sprenge von dem Blut sieben Mal vor den Herrn gegen den Vorhang des Heiligtums hin (4.6).*

Auch um die weitere Verwendung des Opfertiers sorgt sich Gott persönlich: *Kocht das Fleisch am Eingang des Zeltes der Begegnung! Ihr sollt es dort essen* (8.31), um sogleich einzuschränken: *Sieben Tage lang sollt ihr Tag und Nacht am Eingang des Zeltes der Begegnung bleiben und sollt für den Dienst des Herrn sorgen* (8.35).

Siebentagefristen gibt es auch in Sachen »Unreinheit«: *Wenn eine Frau empfängt und ein männliches Kind gebiert, so wird sie sieben Tage lang unrein sein* (12.2); oder bei »Aussatz«: *Und sieht*

Die Worte Jahwes sind lautere Worte, geläutertes Silber, siebenfach gereinigt, verlautet das 12. Kapitel der ›Tehillim‹ (= alttestamentarische Psalmen). Es blieb den Kabbalisten (Kabbala = Überlieferung, Übernahme, Weiterleitung) des rabbinischen Judentums nachchristlicher Jahrhunderte vorbehalten, diese und zahllose weitere Passagen der Heiligen Schrift neu auszudeuten, indem sie diese teils mit anderen Textstellen in Einklang brachten (beispielsweise die sieben Tage in der Laubhütte mit den sieben Schöpfungstagen), teils indem sie sie mit den zehn »Urziffern« (hebräisch »Sephiroth«) und den 22 Buchstaben des hebräischen Alphabets interpretatorisch neu verknüpften. Prominentes Beispiel für derartige zahlenmystische Neuinterpretationen ist die aus dem hebräischen Text des 67. Psalms geformte, siebenarmige Menora (erstmals verankert im 2. Buch Mose, 25.37). Rechnet man nun die hebräischen Buchstaben des Menora-Textes in ihre jeweiligen Zahlenwerte von 1 bis 22 um, addiert diese und rechnet das Ziffernergebnis abschließend in die entsprechenden Buchstaben zurück, so steht dort am Ende das Wort Jahwe.

es der Priester, dann soll er das Mal sieben Tage einschließen* (13.3, 13.4). So folgen einander siebentägige Quarantänevorschriften, Fastenanweisungen, siebenfache Opfer und andere siebenlastige Vorschriften, bis der Herr in Kapitel 23 – endlich! – der Lebensfreude das Tor öffnet: *Und ihr sollt euch vor dem Herrn sieben Tage freuen. Und ihr sollt es sieben Tage im Jahr als Fest für den Herrn feiern: Im siebten Monat sollt ihr es feiern, in Laubhütten sollt ihr sieben Tage wohnen* (23.40–23.42).

So geht es weiter im 4. Buch (hebräisch ›Bemidbar‹ = In der Wüste) mit den Anweisungen für die Installation jenes siebenarmigen Leuchters, den das Judentum als »Menora« heiligen sollte (8.2): *Rede zu Aaron und sage zu ihm: Wenn du die Lampen aufsetzt, dann sollen die sieben Lampen [den Raum] vor dem Leuchter erhellen.* Und nachdem Gott im 5. Buch (hebräisch ›Devarim‹ = Die Worte) einem Schulderlass nach sieben

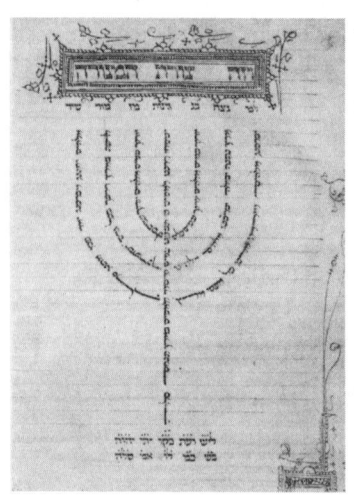 

Menora, der siebenarmige Leuchter, links aus einer florentinischen Liturgie des 15. Jahrhunderts, rechts vor der Knesset in Jerusalem

Jahren – mit Zustimmung der Gläubiger, versteht sich – das Wort geredet und damit die ethische Grundlage für die Insolvenzordnung eines späteren Jahrtausends geschaffen hatte, legt er schließlich noch den Beginn des jährlichen Laubhüttenfestes fest (16.9): *Von da an, wo man beginnt, die Sichel an die Saat [zu legen], sollst du anfangen, sieben Wochen zu zählen,* bevor Moses mit der schriftlichen Fixierung des auf sechs Erntejahre folgenden (siebten) Sabbatjahres die Reihe der Siebenbezüge der ›Thora‹ abschließt.

Zwar hatte das Judentum damit nun seine Heilige Schrift, dennoch sollten weitere vierhundert Jahre vergehen, bis die »Bibel« um das Jahr 135 vor Christus jenen Umfang und jene Gestalt angenommen hatte, die man als ›Tenakh‹ (oder ›Tanach‹) oder – mit geringen Modifikationen – als »Altes Testament« kennt. Zu den während der Hochblüte des hellenistischen Judentums ins Griechische übertragenen fünf Büchern Moses (= Pentateuch) fügten sich dann nach und nach jene historischen, poetischen sowie vor allem prophetischen Schriften, deren Verfasser vom »siebenfachen Niesen« (2. Buch Könige, 4.35) über das »siebenfache Bad« (2. Buch Könige 5.10) bis zu den »sieben Säulen der Weisheit« (Sprüche Salomos, 9.1) genauso häufig auf die Mystik der Sieben vertrauten wie Moses – allen voran der Prophet Yehoshua (Joshua), dessen Schilderung vom Fall der Stadt Jericho einen der bekanntesten Siebenbezüge der Bibel liefert: *Und sieben Priester sollen sieben Widderhörner vor der Lade hertragen. Aber am siebten Tag sollt ihr sieben Mal um die Stadt herumziehen, und die Priester sollen dabei in die Hörner stoßen.*

Als folgenreicher sollte sich indes folgende Prophezeiung erweisen: *Und ein Erlöser wird kommen für Zion* (Jesaja 59.20). Sie sollte sich nur wenige Jahrzehnte nach der abschließenden Kanonisierung der Bibel zwischen Bethlehem und dem See Genezareth erfüllen, ohne dass dies den Zeitgenossen so recht bewusst geworden wäre. Allein was die Handvoll Apostel über jenen leibhaftigen Messias berichteten, entfaltete eine derart nachhaltige Wirkung, dass die neue Religion namens »Christentum« unter Mithilfe der weltlichen Herrscher binnen 600 Jahren sämtlichen »heidnischen« Kulten in Europa den Garaus bereitete – angefangen bei den römischen Ceres(Demeter)/Serapis-Mysterien über den Kybele/Attis-Kult bis hin zum Mithras-Kult, der dem Christentum nicht nur die Festlegung von Christi Geburt auf den 25. Dezember bescherte (am 25. Dezember wurde bis dahin nicht nur das Fest der Wintersonnenwende, sondern

---

Ausgerechnet unter den kriegserfahrenen Nachfolgern (= Diadochen) des 323 vor Christus in Babylon einer Arzneimittelvergiftung erlegenen Alexander des Großen erlebte das Judentum ein Hoch, das sich indes paradoxerweise vor allem für das spätere Christentum als essenziell erweisen sollte. Obgleich Judäa unter besagten Diadochen relativ autonom blieb, hatte sich ein Großteil der jüdischen Bürger- und Geisteselite ins nordägyptische Alexandria abgesetzt, wo es in der Folge zu einem regen Austausch mit dem Hellenismus kam. Zwar hatte der griechische Polytheismus bei jüdischen Bürgern und Schriftgelehrten nicht den Funken einer Chance, dafür umso mehr die griechische Philosophie, Kultur und Sprache. So war es nur folgerichtig, dass sich just im dritten vorchristlichen Jahrhundert, da sich der Leuchtturm von Alexandria als letztes Bauwerk unter die sieben Weltwunder der Antike einreihte, jüdische Schriftgelehrte daranmachten, die ›Thora‹ aus dem Hebräischen ins Griechische zu übersetzen. ›Genesis‹, ›Exodus‹, ›Leuitikon‹, ›Arithmoi‹ und ›Deuteronomion‹ hießen die fünf Bücher Mose fortan in der Übersetzung, deren Gesamttitel ›Kata tous Hebdomäkonta‹ (Nach den Siebzig) sich nicht nur auf die Zahl der an dieser Übersetzung beteiligten 72 Schriftgelehrten sowie auf jene siebzig Ältesten bezog, die Moses zum Berg Sinai begleiteten, sondern auch einen weiteren Siebenbezug der Bibel einführte, der sich in der späteren lateinischen Übersetzung als »Septuaginta« (= Siebzig) manifestierte.

zugleich Mithras' Geburtstag gefeiert) – und mit sieben Weihestufen (vom »Corax« zum »Pater«) einen weiteren Siebenbezug im Bewusstsein der »heidnischen« Bevölkerung verankert hatte.

Dabei entfaltet die Sieben in den Texten des Neuen Testaments nicht annähernd jene Mystik wie im Alten Testament – selbst wenn Jesus unter ihrer magischen Mitwirkung eines seiner bekanntesten Wunder vollbringt (Die Speisung der Viertausend; Matthäus 15.36 f.): *Und er nahm die sieben Brote und die Fische, dankte und brach und gab sie seinen*

Relief zu Taq-e Bostan: Investitur Ardaschirs II. mit der Darstellung Mithras hinter Ahura Mazdas und vor dem sassanidischen Großkönig

Jüngern, die Jünger aber [gaben sie] den Volksmengen. Und sie aßen alle und wurden gesättigt; und sie hoben auf, was an Brocken übrigblieb, sieben Körbe voll.

Ähnliches gilt für die Austreibung jener »sieben Dämonen«, die Maria Magdalena befallen hatten (Markus 16.9; Lukas 8.2), oder bei der Wahl der Diakonen, die tunlichst auf »sieben gut beleumundete Männer voll Geist und Wahrheit« (Apostelgeschichte 6.3) fallen sollte, oder wenn Jesus an anderer Stelle (Matthäus 18.21; Lukas 17.4) seinen designierten Nachfolger belehrt: *Dann trat Petrus zu ihm und sprach: Herr, wie oft soll ich meinem Bruder, der gegen mich sündigt, vergeben? Bis sieben Mal? Jesus spricht zu ihm: Ich sage dir: Nicht bis sieben Mal, sondern bis siebzig Mal sieben.*

Ansonsten könnte man die Sieben als eher sporadische Erscheinung im Neuen Testament bezeichnen – gäbe es da nicht die wundersamen – Apokalypse oder Offenbarung genannten – Briefe eines gewissen Johannes an die »sieben christlichen Gemeinden«, deren 65-fach mystischer Siebenbezug (darunter »Das Buch mit den sieben Siegeln«, »Sieben Engel«, »Sieben Donner«, »Sieben Diademe«, »Sieben Zornschalen« oder »Sieben Plagen«) jedem modernen Anime-Schocker zur Ehre gereichen würde und deren »Heiligkeit« sogar Martin Luther suspekt war: *Mein Geist will sich in dieses Buch nicht schicken.*

Als das Christentum schließlich zur Staatsreligion im Heiligen Römischen Reich avanciert war, als auch das heidnisch-germanische Frühlingsfest »Eastre« in der Feier von »Christi Auferstehung« aufgegangen war, als sich alte heidnische Fruchtbarkeits-, Quell- und Steinkultstätten per päpstlich-gregorianischem Erlass von 590 zu christlichen Wallfahrtsstätten gewandelt hatten, wurde einige tausend Kilometer östlich – in der unmittelbaren Nachbarschaft einer als »Kaaba« bezeichneten altarabischen Kultstätte – einem arabischen Kaufmann namens Mohammed die göttliche Offenbarung in Gestalt einer durch den Erzengel Gabriel übermittelten Heiligen Schrift zuteil: des ›Koran‹.

Doch sollte der biblische Erzengel nicht das einzige Motiv bleiben, das den Islam mit dem soeben erst etablierten Christentum und dem knapp zwei Jahrtausende alten Judentum verband. So kommt etwa gleich in der 1. Sure (Al-Fátihah = Die Öffnung) jener selbe monotheistische Anspruch zum Ausdruck (Vers 2): *Aller Preis gehört Allah, dem*

Mehr als die neutestamentarischen Texte selbst trugen im Christentum vor allem die sogenannten Kirchenväter sowie die Exegese (Bibelauslegung) und Theologie der ersten nachchristlichen Jahrhunderte zur Mystifizierung der Sieben bei. So begann man nun auch dort genau nachzuzählen, wo in der Bibel die Rede von der Sieben ist. Das beginnt schon beim »Vaterunser«, welches sich in der Tat in sieben Bitten gliedert; ähnlich bei den »sieben Freuden« oder den »sieben Schmerzen Marias«, den »sieben Erzengeln«, den »sieben Wunden Jesu«, den »sieben letzten Worten Jesu am Kreuz« oder den »sieben Gaben des Heiligen Geistes«; weiter bei den »sieben Sakramenten« (Taufe, Firmung, Ehe, Priesterweihe, Eucharistie, Buße, Letzte Ölung – Anfang des 12. Jahrhunderts von dem italienischen Bischof und Theologen Lombard zusammengeschrieben), den »sieben Tugenden«, den »sieben Stufen des Fegefeuers« oder den »sieben Todsünden«, welche weniger den Texten der Bibel als vielmehr jenem mittelalterlichen Denken entsprangen, wie es sich etwa in der Schrift ›De septem septenis‹ des Bischofs von Chartres, John von Salisbury (um 1115–1180), widerspiegelt. Auch zeigt sich die Sieben in jener vorgeblich »gottgewollten« Ordnung, die sich nicht zuletzt in der Kurfürstlichen Siebtel-Teilung des Heiligen Römischen Reiches Deutscher Nation niederschlug (unter den sieben Kurfürsten die Erzbischöfe von Mainz, Trier und Köln) oder auch in jenen sieben »großen« und sieben »kleinen« Kirchenfesten, mit denen etwa die ägyptischen Kopten des 14. Jahrhunderts das Christentum gegen den machtvoll prosperierenden Islam zu behaupten versuchten.

Herrn der Welten, wie er im ersten der zehn jüdisch-christlichen Gebote (*Ich bin der Herr dein Gott*) seine Entsprechung findet.

In der 12. Sure (Yusuf = Joseph) kann man jenes Gleichnis lesen, das viele Jahrhunderte zuvor bereits die Hörer und Leser der ›Thora‹ beziehungsweise des Pentateuch bewegt hatte (Vers 43): *Und der König sprach:* »*Ich sehe sieben fette Kühe, und sie fressen sieben magere; und sieben grüne Ähren und [sieben] andere dürre. O ihr Häupter, erkläret mir die Bedeutung meines Traums, wenn ihr einen Traum auszulegen versteht.*« Und da Yusuf sich bekanntlich auf die Traumdeutung verstand, nimmt die Geschichte im Koran den nämlichen glücklichen Verlauf.

Wer nun allerdings annimmt, die bekannte Sieben-Häufung in den muslimischen Riten und Geboten sei unerschöpflich – Stichwörter: sieben Himmel, Siebenpunkt-Berührung der Erde beim Gebet, siebenmalige Umkreisung der Kaaba sowie andere siebenbezogene Rituale während des Pilgeraufenthalts in Mekka samt Besuch der siebentürmigen Moschee –, dem wird im ›Koran‹, mit Ausnahme des Traumgleichnisses, der sieben Himmel, des Siebengestirns und der in sieben Verse gegliederten ersten Sure, dem Glaubensbekenntnis aller Muslime, nurmehr wenig Siebenfältiges begegnen.

So finden sich in der heiligen Schrift des Islam weder konkrete Hinweise auf jene »70 000 Vorhänge aus Licht und Finsternis«, die sich nach verbreiteter muslimischer Vorstellung zwischen Allah und den Menschen schieben, noch jene »sieben kanonischen Lesarten« oder »sieben inneren Aspekte«, wie sie dem Koran innewohnen sollen. Auch dass Allah im Wesentlichen »sieben Attribute« zu eigen seien, dass die biblischen »Urväter« Hennoch, Noah, Abraham, Isaak, Jakob, Moses und Jesus als die »sieben Pfeiler der Welt« oder die »sieben Hirten« zu gelten haben, dass sich die Schöpfung in »sieben Stufen« einer Art »mystischer Hierarchie« von Gott bis zu den Menschen entfaltet habe oder dass der »siebte Imam in der Nachfolge des siebten Propheten« die Auferstehung einleiten werde, verdanken die Muslime analog den Christen und Juden in erster Linie frühislamischer – sprich: mittelalterlicher – Exegese. Viele islamische Siebenbezüge haben ihre Ursprünge jeweils in neuen islamischen Geistesströmungen: allen voran Ismailiten beziehungsweise »Sieben-Schiiten«, welche sich auf Ismael, den Urenkel in der siebten Generation nach Mohammeds Schwiegersohn Ali, berufen und zu deren wichtigsten Wegbereitern der in Persien gebürtige Dichter und Philosoph Nasir ibn Khusraw al-Qubadiani (1003–1088) zählte, der die Welt unter anderem in sieben Heptaden einteilte.

Markiert man die wichtigsten Stationen der Ursprungsgeschichte des Islam, seiner Hauptströmungen, des Judentums und des Christentums auf der Landkarte, so befindet sich im Mittelpunkt dieses Polygons nicht ganz zufällig jene Region, von der einst der biblische Stammvater Abraham gen Kanaan aufbrach und wo viele Generationen später die ›Thora‹ kanonisiert wurde: Gemeint ist jene babylonische Hochkultur, in der sich zahllose Kulte und Religionen in relativer Toleranz begegneten und in deren Mythen die Sieben die bereits geschilderte Rolle spielte. Weithin sichtbarste Symbole für die Prominenz als »Heilige Zahl« in Babylon waren jene siebengeschossigen Sakralbauten, deren berühmtester dadurch bekannt wurde, dass er während der Bauphase in sich zusammenfiel. Der Name dieser nach persischem Kultvorbild errichteten Tempel ist »Zikkurat«, was übersetzt so viel heißt wie »Kosmischer« oder »Himmlischer« Berg.

Es liegt auf der Hand, sich auf der Spurensuche nach den Ursprüngen der heiligen Sieben zunächst in jenes riesige Nachbarland Babyloniens zu begeben, über das der römische Geschichtsschreiber Herodot berichten sollte, dass dieses sich in »sieben Stämme« teile und dass es dort sieben

Feuerheiligtümer gebe. Während der Hochblüte Babylons schloss besagter »Iran« (= Land der Arier) die Gebiete des heutigen Afghanistan, Turkmenistan, Tadschikistan, Usbekistan sowie Teile Pakistans, des Irak und der Türkei mit ein. Im Laufe des zweiten vorchristlichen Jahrtausends hatte sich hier eine Religion etabliert, in deren polytheistischem Götterspektrum jener Gott Mithra (= Freund, Vertrag) herausragte, der sich dereinst im Römischen Reich zum vorchristlichen Kultstar Mithras wandeln sollte.

Als Stifter jener später »Zoroastrismus« genannten Religion, die sich – ähnlich dem zeitgleich aufblühenden Judentum – auf den Dualismus von Gut und Böse stützte

---

Schon lange, bevor der Islam seinen Siegeszug antrat, lebten die Menschen im altpersischen Raum in der zoroastrischen Vorstellung von den »sieben Amesha Spentas« – wie die leitenden Geister hießen – und war der Tod mit der Vorstellung von einem siebentägigen Aufstieg der Seele gen Himmel verknüpft. Nicht von ungefähr kommt der Sieben in den auf »-an« (vom altaischen Herrschertitel »Khan«) endenden Nachfolgestaaten Altpersiens auch abseits von Religion und Märchen besondere Prominenz zu. So ist es etwa in vielen Gebieten üblich, für eine erkrankte Person aus sieben Häusern Essen herbeizuschaffen, damit der Patient aufs Rascheste gesunde, und in Pakistan verhilft man dem künftigen Eheglück auf den Weg, indem am Brautkleid zunächst sieben glücklich verheiratete Frauen die Schere anlegen. Andernorts pflegt man Speisen tunlichst aus siebenerlei Zutaten zuzubereiten (ähnlich dem deutschen Kinderreim: »Wer will guten Kuchen backen, der muss haben sieben Sachen«), wie man im Übrigen die Schärfe anhand von sieben scharf eingelegten Gemüsen (turush), sieben Schriftarten und sieben Sphären unterscheidet. Wer indes auf besonderes Glück hofft, der achtet strikt darauf, dass er am »Nauruz« (= Frühlingsanfang) nicht mehr und nicht weniger als sieben Dinge im Haus hat, die mit dem Buchstaben »S« beginnen.

(hier personifiziert durch den Schöpfergott »Ahura Mazda« und seinen teuflischen Gegenspieler »Ahriman«), gilt der altiranische Zaotar (Priester) Zarathustra beziehungsweise Zoroaster: *Lüge und Arroganz waren schon lange in der siebenten Region der Erde bekannt*, hatte Zoroaster in einem seiner »Gathas« (= Hymnen, Gesänge) verlauten lassen. Und da der Religionsstifter, dessen biografische Daten völlig im Dunkeln liegen, die Lüge offenbar besonders verachtete, ließ er die Unsterblichen kurzerhand *auf diese siebenteilige Erde* hinabsteigen, um besagten Lügendämon *mit einem Schlag von den sieben Karshvars zu treiben* – heißt: aus jenen sieben »kosmischen« Zonen, die durch die sieben Tempelgeschosse der erwähnten Zikkurats symbolisiert wurden. Wer nun allerdings meint, dass es in der heiligen zoroastrischen Schrift namens ›Avesta‹ (mittelpersisch: Grundtext) nun ähnlich siebengeballt weiterginge wie in der Bibel, der sieht sich enttäuscht. Ganze fünf Mal gibt sich die Sieben in der ›Avesta‹ die Ehre, wenngleich – wie gelesen – in zutiefst mystischer Funktion.

Haben wir uns also bereits aus jenem historisch-geografischen Bereich entfernt, in dem die Sieben erstmals ihre heilige Kraft entfaltete? Anders gefragt: Könnte es sein, dass die »magische Sieben« gar in der babylonischen Hochkultur des zweiten vorchristlichen Jahrtausends ihre Wurzeln hat? Schließlich wurde im »babylonischen Exil« dieselbe Thora kanonisiert, deren Siebenhäufigkeit sich in den übrigen Schriften des Alten Testaments, im Christentum und im Islam machtvoll in Szene setzte. Von den religiösen Mythen sind es nur wenige Schritte zu den Legenden und Märchen, aus denen sich Spruchweisheiten ableiten, sich der Aberglaube nährt und die Gebote der verinnerlichten Mystik zur gelebten weltlichen Ordnung führen – zu Kunst, Architektur und Literatur. Haben wir uns also einer Antwort auf die Frage nach den historischen und geografischen Wurzeln der »magischen Sieben« bereits genähert?

Wenn ja, so müsste sich die Mystik der Sieben, die sich in den heiligen Texten des vorislamischen Persiens wie gesehen nur schwach entfaltet, 3000 Kilometer weiter östlich mehr oder weniger verloren haben. Reisen wir also ein Stück weiter der Sonne entgegen, hin zu jenem Subkontinent, den die Babylonier ihrerseits als »Orient« ansahen und der zu jener Zeit noch nicht »Indien« hieß, sondern sich in unterschiedliche Kulturbereiche mit deutlichem Nord-Süd-Gefälle gliederte.

Etwa um das Jahr 2800 vor Christus hatte sich unter dem Einfluss der aus dem Norden zuwandernden Indogermanen (Arier) die vormals ländlich-dörfliche Struktur zu wandeln begonnen, es entstanden erste Städte und es erblühte schließlich im Laufe des zweiten vorchristlichen Jahrtausends eine Hochkultur, die mit jener in Mesopotamien spielend mithalten konnte. So verschmolzen importierte Glaubenselemente mit den im Industal etablierten Kulten zu einer neuen, von »westlichen« Glaubenselementen weitgehend unbeeinflussten Religion.

Die im Industal von »Rishis« (= Weisen) überlieferten Hymnen, Lieder und magischen Formeln galten schon lange, bevor sich etwa jüdische Schriftgelehrte daranmachten, ihren Glauben in einer heiligen Schrift zu manifestieren, als Glaubensgrundlage. Älteste der zunächst im mündlichen Wortlaut, später schriftlich überlieferten Veden (Veda = Wissen) war die ›Rigveda‹ – eine in zehn Mandalas (Liedkreise) gegliederte Sammlung von über tausend Hymnen. Wie aber haben es jene, denkbar weit von Babylon angesiedelten Rishis mit der Sieben gehalten?

An den gefürchteten Feuergott Agni richtet sich der erste Hymnus der ›Rigveda‹, in dem weder von einer Sieben noch sonst von einer Zahl die Rede ist. So geht es zahlenfrei weiter, bis mit einem Mal – im Hymnus Nummer 20 – von »drei Mal siebenfältigen Kleinoden« die Rede ist. Zwei Hymnen später bereits schreitet Hauptgott Vishnu (= Der Alldurchdringende) *durch die sieben Formen der Erde*. Und so geht es denn in dieser ältesten Veda mit den Siebenbezügen mit einem Mal so richtig los: *O Held, du ließest die sieben Ströme frei*, heißt es im Folgenden – sowie: *Surya hat die sieben sauberen Töchter des Wagens angeschirrt*.

Gleichsam, als sei man unversehens in der nachchristlich-islamischen Märchenwelt von ›Tausendundeine Nacht‹ gelandet (dessen Ursprünge ja ebenfalls im Industal zu ver-

Rigveda auf Papier, frühes 19. Jahrhundert

orten sind), reiht sich in Mandalas der ›Rigveda‹ in der Folge ein poesiehaltiges Siebenbild an das nächste – folgen einander im bunten Wechsel »sieben Burgen«, »sieben Rösser«, »sieben Herrlichkeiten«, »sieben Weltpole«, »sieben Schmuckstücke« oder »sieben Dichter des Himmels« – um nur einige wenige zu nennen, bevor sich die Überlieferer der heiligen Texte im 10. Buch, Hymnus 130, Vers 7(!) höchstselbst in die heilige Sieben-Ordnung einreihen: *Die wiederkehrenden Handlungen waren mit den Gesängen, mit den Metren im Einklang, die sieben göttlichen Rishis mit der Richtschnur.*

Immerhin zwei Möglichkeiten der Verbreitung der »magischen Sieben« scheinen damit ausgeschlossen: Weder scheint die Siebenmystik unmittelbar aus den altindischen Religionsmythen in das zeitgleich sich entwickelnde Judentum eingeflossen zu sein noch umgekehrt. Dass sich die Sieben – ungeachtet der siebengeschossigen Zikkurats – ursprünglich aus Persien in beide Richtungen verbreitet haben könnte, erscheint mangels ausreichender Sieben-Präsenz in den alt-

---

So präsent die mystische Sieben in der ›Rigveda‹ sein mag, sowenig die Veden im Hinduismus an Autorität eingebüßt haben, und sosehr sich die Schaffung der »sieben Weisen« oder der »sieben höheren und sieben niederen Welten« durch den Schöpfergott Brahma im Hinduismus erhalten haben mögen, ist doch die Prominenz der Sieben in der indisch-hinduistischen Gegenwart (Stichworte: sieben heilige Städte, sieben gemeinsame Schritte des Brautpaars ums Hochzeitsfeuer) auch anderen Einflüssen geschuldet, allen voran dem Eindringen des Islam seit dem 8. nachchristlichen Jahrhundert. Es ist also kein Zufall, dass etwa die sieben Chakras – jene körperlichen »Hauptenergiezentren«, auf die sich die hinduistisch-tantrische Meditation im Wesentlichen richtet – ihre Entsprechung in den sieben *La'aif* des asketisch-islamischen Sufismus finden, der sich ab dem 12. Jahrhundert in Nordindien etablierte.

persischen heiligen Schriften ebenfalls kaum denkbar. Obwohl neben dem altindischen Gott Mitra weitere indische Glaubenselemente im Zoroastrismus Eingang gefunden hatten und über die altpersischen Mythen endlos viele Siebenbezüge in das Alltagsleben jener Region eingedrungen sind, scheint es im Hinblick auf die Ursprünge der Siebenmystik fast so, als schiebe sich die ›Avesta‹ wie ein etymologischer Keil zwischen die Religionstexte Kleinasiens und des Industales. Wäre es also gar denkbar, dass sich die »magische

Thailändische Buddhafigur

Sieben« ursprünglich gar nicht von einem exakt einzugrenzenden geografischen Ort aus verbreitet hat und dass ihr historischer Ursprung möglicherweise außerhalb der großen Religionen zu finden ist? Wie anders wäre es beispielsweise erklärlich, dass die Sieben auch fernab des indischen Subkontinents wirksam wurde?

Eine von Judentum und fernöstlichen Wiedergeburts-Vorstellungen kaum beeinflusste Hochkultur des fünften bis zweiten vorchristlichen Jahrhunderts fand sich in der griechischen Antike, als deren höchste Instanz in religiösen Fragen das dem Gott Apollon gewidmete Orakel in Delphi galt. Kaum ein Gott des weltmythologischen Pantheons ist

---

Seit sich das Kaiserreich China im Jahr 1912 zur Republik wandelte, spielen dort Religionen eine vergleichsweise untergeordnete Rolle. So bekennen sich aktuell nur rund 15 bis 20 Prozent der Chinesen zu einer Religion. Am verbreitetsten ist der Buddhismus, gefolgt vom Islam, dem Christentum und dem Daoismus. Dagegen nimmt jene philosophisch-religiöse Denkrichtung, die in China rund 1700 Jahre lang gleichsam als Staatsdoktrin wirkte, eine nurmehr nachgeordnete Position ein: der Konfuzianismus. Kanonische Grundlage der von Kong Zi (Konfuzius = Lehrmeister Kong) um das Jahr 500 vor Christus gestifteten Lehre sind »fünf Klassiker«, in denen das höchste Ziel des Konfuzianismus zum Ausdruck kommt: *den Angelpunkt finden, der unser sittliches Wesen mit der allumfassenden Ordnung vereint.* Wer würde erwarten, dass sich die »mystische Sieben« auch hier ein Stelldichein gibt? Doch herrscht auch im Yjing, dem Shijing, dem Shujing, dem Chunqiu und dem Liji kein Mangel an Siebenmonats-, -tages- und -jahreszeiträumen, sieben Maulbeerbäumen, sieben großen Heiligtümern, sieben Grabbeigaben und anderen Siebenbezügen. Und so verhält es sich denn auch bei den von den beiden mutmaßlichen Konfuzius-Zeitgenossen Laozi (Laotse = Alter Meister) und Siddharta Gautama begründeten Religionen kaum anders. Obwohl Erstere (der Daoismus) im Wesentlichen auf dem zah-

auf vergleichbare Weise mit der Sieben verbunden wie der griechische (und später römische) Gott des Lichts, der Heilkunst, des Frühlingserwachens, der Weissagung, der sittlichen Reinheit, der Mäßigung und der Künste. So hatten der griechischen Mythologie zufolge sieben singende Schwäne sieben Mal die Insel Delos umkreist, bevor Zeus' Gespielin Leto »am siebten Tag« den Lichtgott zur Welt brachte. Folgerichtig pflegte der inzwischen gleichsam zum »Adonis« herangereifte Apoll sich bei Wintereinbruch in einem von Schwänen gezogenen Himmelsfahrzeug für sieben Monate ins »Land jenseits des Nordwinds« kutschieren zu lassen, wo er seine Gesänge mit Vorliebe auf einer siebensaitigen Lyra

> lenunabhängigen Prinzip von Yin und Yang fußt und der Buddhismus allenfalls vier edle Wahrheiten und einen achtfachen Pfad kennt, hat sich die »mystische Sieben« in beiden Religionen einen festen Platz erobert. So begegnen wir etwa in einem der beiden daoistischen Hauptwerke – dem ›Zhuangzi‹ – neben »siebenfachen Särgen«, »siebentägigem Fasten« und etlichen Siebenjahresfristen einmal mehr jenen »sieben Weisen«, wie sie uns aus Babylon, Ägypten, Hellas oder dem Hinduismus vertraut sind. Im Buddhismus dagegen findet sich die Sieben zunächst in den Buddha-Legenden wieder. So soll Siddharta etwa unmittelbar nach seiner Geburt sieben Schritte getan haben, soll seine Mutter just sieben Tage später gestorben sein, soll Siddharta mit sieben Jahren sein erstes Entrückungserlebnis gehabt und im Alter von fünf mal sieben (sprich: 35) Jahren nach siebenmaligem Umrunden eines Bodhi-(=Pappelfeigen-)Baumes Hass, Begierde und Unwissenheit verloren haben. Während es sich hier – wie gesagt – um Legenden handelt, hätten die Siebenbezüge im Dhammapada, dem Hauptwerk des Buddhismus, relle Chancen, sich auch als Buchtitel auf dem aktuellen Buchmarkt zu behaupten. Beispiele: »Die sieben Faktoren des Selbsterwachens« – »Die sieben Arten, sich selbst zu schaden« oder »Die sieben Arten von edlem Reichtum«.

begleitete. Allesamt hinreichende Hinweise auf Apolls Vorlieben, um die Menschen zu siebenfachen Kuchenopfern an ihren Lieblingsgott zu motivieren.

So reiht sich in der altgriechischen Götter- und Heldenmythologie ein Siebenbezug an den anderen: angefangen bei jenen sieben Jahren, die der umherirrende Odysseus laut Homer von der Nymphe Kalypso gefangen gehalten wurde – einer jener sieben schlimmen Atlastöchter, die von Göttervater Zeus ob ihrer Eskapaden auf ewig gen Himmel verbannt wurden, wo sie seitdem als Siebengestirn glänzen; gefolgt von jenem lernäischen Seeungeheuer namens Hydra, das die Helden der Seefahrt durch den Einsatz aller sieben Köpfe zum Schaudern bringt. Auch ist der Schutzschild des Troja-Kriegshelden Ajax aus sieben Häuten gespannt; Ödipus muss vor einem der sieben Tore Thebens verharren, bis er das Rätsel der Sphinx gelöst hat. Jahre später verbünden sich zufällig sieben Feldherren gegen jenes Theben. Und der Startenor der Antike – um nurmehr eines von zahlreichen weiteren Beispielen zu zitieren – liefert den Stoff zu jenem

---

In der Vorstellung der Mayas – jener Kultur also, die sich ab dem zweiten vorchristlichen Jahrtausend in Mittelamerika gleichsam antipodisch zur babylonischen und zur Indus-Hochkultur entwickelte – war die Erde in »sieben Ebenen« eingeteilt. So war das Maya-Jahr in 13 Monate je 4 x 7 (also 28) Tage gegliedert. Einem Maya-Mythos zufolge existierten ursprünglich sieben Unterweltpaare, und so waren gemäß den analogen Ursprungsmythen der mesoamerikanischen Nachfolgekulturen der Mayas die ersten Menschen einst aus sieben Höhlen gekrochen. Geografisch näher standen den Hochkulturen Klein- und Mittelasiens da schon die ägyptischen Religionen, in denen ungeachtet aller sonstigen Unterschiede »sieben Himmelswege«, »sieben Himmelskühe« und »sieben Stätten des Totenreichs« Platz fanden, um hier nur einige wenige zu erwähnen.

herzerweichenden Mythos, der noch die Musik und Literatur späterer Jahrtausende inspirieren sollte: *Sieben Tage und sieben Nächte saß Orpheus am Ufer und versuchte, die Unterirdischen durch Bitten und Klagen und flehende Lieder zur Milde zu stimmen. Doch die Götter blieben hart und gaben Euridike nicht mehr frei.*

Dabei hatte die Sieben im alten Hellas längst auch abseits von Mythen und Religion ihre Magie zu entfalten begonnen, allen voran in Naturwissenschaft, Astronomie, Geografie und Medizin, etwa indem man ähnlich wie in Babylon annahm, dass alles Festland dieser Welt von genau sieben Meeren umschlossen sei – eine Überzeugung, die durch die Existenz der sieben Weltwunder gefestigt schien, die es zwischen Rhodos, Babylon, Gizeh und Alexandria zu besichtigen gab. So war es denn nur folgerichtig, dass die Denker der Antike – darunter auch jene, die später nicht zu den »Sieben Weisen« zählen sollten – anfingen, über die Zahl der Zahlen nachzudenken. Unter ihnen der Philosoph Philolaos von Kroton (um 470 – 399 vor Christus), der die Sieben gar mit der Göttin Athene verglich: *Ewig, beharrlich, unbeweglich, sich selbst gleich, von allen anderen verschieden.*

Vielleicht ist es am Ende gar denkbar, dass die Ursprünge der mystischen Sieben nicht bei den Religionen zu suchen sind, sondern dass die von Philolaos »ewig« genannte Zahl eher naturwissenschaftlich begründet war und so als gleichsam »magische« Gesetzlichkeit umgekehrt in die Kosmologie der Kulte und Religionen Eingang gefunden hat. Damit würde sich bestätigen, was der römische Politiker, Schriftsteller und Philosoph Cicero so ausdrückte: *Septem numerus rerum omnium fere nodus est – Die Zahl Sieben ist der Knoten so ziemlich aller Dinge.*

Letzteres dachte wohl auch jener auf der Ägäisinsel Kos gebürtige Arzt, der nicht zuletzt mit seiner Eidesformel, vor allem aber mit seiner Viersäftelehre die Medizin der nachfolgenden Jahrtausende erheblich beeinflussen sollte: Hippokrates (zirka 460 – 370 vor Christus): *Die Zahl Sieben neigt dazu, alle Dinge ins Sein zu bringen*, heißt es in einer Hippokrates zugeschriebenen Schrift – und: *Sie teilt Leben aus und ist die Quelle allen Wechsels. So wie der Mond seine Phasen alle sieben Tage ändert, beeinflusst die Sieben alle Dinge, die sich unterhalb des Mondes abspielen.*

Über alle Zeiten

Die Sieben in Kosmos, Wissenschaft und Philosophie

Ich werde ärztliche Verordnungen treffen zum Nutzen der Kranken nach meiner Fähigkeit und meinem Urteil, hüten aber werde ich mich davor, sie zum Schaden und in unrechter Weise anzuwenden, heißt es bekanntlich im Eid des Hippokrates. Auch wenn jener ärztliche Schwur nach zweieinhalb Jahrtausenden deutliche Erosionsspuren zeigt – Stichwörter: Doping-Ärzte, »Schönheits«-Chirurgie, Zweiklassenmedizin, von »Eugenik« oder »Euthanasie« ganz zu schweigen –, könnte man diese Hinterlassenschaft des Urvaters der abendländischen Medizin als gleichsam nobelpreiswürdig ansehen. Wie anders verhält es sich indes mit Hippokrates' Heilkunst und seinen medizintheoretischen Abhandlungen! Vier Körpersäfte eiferten um unser tägliches Wohl und Wehe, hatte der Spitzen-Mediziner des sechsten und fünften vorchristlichen Jahrhunderts befunden: Blut, Schleim, schwarze und gelbe Galle (*haíma kai phlégma kai chólän xanthän kai chólän mélainan*).

Was das griechische Originalzitat auch heute noch interessant macht, sind die griechischen Vokabeln: haíma (= Blut; lateinisch: sanguis), phlégma (Schleim), chólä (Galle) und mélainos (Schwarz) – jene Begriffe also, mit denen Hippokrates unbeabsichtigt die Spur zur eher neuzeitlichen Temperamentenlehre legte. Dabei hätten sich vermutlich weder Sanguiniker noch Phlegmatiker, Choleriker oder Melancholiker späterer Jahrhunderte freiwillig in die Behandlung des ägäischen Wanderarztes begeben mögen, der in seinem Leben nie einen Leichnam von innen gesehen, trotzdem siebzig medizintheoretische Werke verfasst – darunter sieben Bände über Epidemien –, sieben menschliche »Ausflüsse« ermittelt, die optimale Schwangerschaftsdauer mittels der Zahlen Vier und Sieben arithmetisch auf 4 x 7 x 10 = 280 Tage festgelegt, bei Unfruchtbarkeit *allmonatlich sieben Efeukörner in altem Wein* verschrieben und bei Hämorrhoiden die Empfehlung ausgesprochen hatte, sich möglichst drei bis vier Mal alle sieben Tage zu erbrechen.

Dass er bei alledem dennoch rund neunzig Jahre alt wurde, mag Hippokrates somit weniger seiner sieben- und säftelastigen Diagnostik als vielmehr der täglichen Bewegung als Wanderarzt verdankt haben, samt dem Umstand, dass er stets bereits weit weg war, sobald sich manch unerwünschte Folge seiner Verschreibungen zeigte.

Dass man in der hellenistischen Antike zugleich als Arzt, Politiker, Sühnepriester und Dichter zu Ruhm und Ansehen gelangen konnte, beweist, dass die Kulturentwicklung einer Gesellschaft (nicht gemeint sind Technologie und Wirtschaftswachstum) mitnichten des Spezialistentums bedarf. Einer, für den eine solche Multiprofessionalität zutraf, war der um 490 vor Christus in Sizilien gebürtige, bereits erwähnte Empedokles. Dieser hatte – nicht unähnlich der fernöstlichen Vorstellung vom Yin und Yang – Liebe (Philotes) und Hass (Neikos) als die zwei polaren Urkräfte angesehen, die im wechselnden Zusammenspiel mit den vier Elementen Feuer, Erde, Luft und Wasser alles Geschehen auf dieser Welt bestimmten. Eine gleichsam »tetralogische« Weltauffassung also, die nicht nur zur Haltbarkeit der hippokratischen Viersäftelehre beitrug, sondern teils auch das aristotelische und platonische Denken beeinflusste. À la longue war jedoch der Vierelementelehre in den Naturwissenschaften eine relativ kurze Haltbarkeitszeit beschieden, nicht so jedoch in Astrologie (zwölf den vier Elementen zugeordnete Tierkreiszeichen), Nu-

Dabei war die hippokratische Strategie, Diagnose, Prognose und Behandlungsmethoden an Zahlen und deren Verknüpfungen festzumachen, aus damaliger Sicht durchaus nachvollziehbar. Verhielten sich nicht auch Natur und Kosmos nach zyklischen und damit mess- und zählbaren Gesetzmäßigkeiten? Folgten nicht Schwangerschaft, Adoleszenz und Lebensalter der Menschen im großen Ganzen dem immer gleichen periodischen Muster? Und ließ sich dieses Muster nicht in der Zahl Sieben finden?

Es konnte doch in der Tat kein Zufall sein, dass Kinder regelmäßig mit sieben Jahren ihre zweiten Zähne bekamen, dass sie mit zwei Mal sieben Jahren die Schwelle zum Erwachsenenalter erreichten, dass man sie in der Regel mit drei Mal sieben Jahren als »erwachsen« bezeichnen konnte und dass es kaum eine Frau gab, die nicht im Alter von sieben Mal sieben Jahren vom Klimakterium betroffen war.

> merologie (vier als Zahl der Materie) und Religion. So nutzte insbesondere die frühchristliche Exegese das Summenspiel zwischen »weltlicher Vier« und »göttlicher Drei«, um der »heiligen Sieben« zusätzliches arithmetisches Unterfutter zu geben. Etwa indem man die »sieben Tugenden« in die drei »theologischen« Tugenden Glaube, Liebe, Hoffnung und die vier »Kardinaltugenden« Klugheit, Gerechtigkeit, Tapferkeit und Mäßigung teilte. Ebenso die sieben Bitten des Vaterunsers in drei auf Gott (Dein Name, Dein Reich, Dein Wille) und vier auf die Menschen bezogene Bitten (tägliches Brot, Schuldvergebung, Abwehr der Versuchung, Erlösung von dem Bösen).
>
> Dass antikes Denken und frühmittelalterlich-theologisches Rechnen sogar den weltlich-europäischen Machtapparat über viele Jahrhunderte zu beeinflussen vermochte, zeigt die Zusammensetzung des kurfürstlichen Septemvirats im Heiligen Römischen Reich des 13. bis 17. Jahrhunderts aus vier weltlichen Fürsten (bei Rhein, Brandenburg, Sachsen, Böhmen) und drei Erzbischöfen (Mainz, Köln, Trier).

Dass des Menschen Lebensdauer im Idealfall etwa zehn Mal sieben Jahre währte, so es nicht vorzeitig durch Krieg, Mord oder Krankheit endete, wusste man spätestens seit Solon, jenem Athener Lyriker und Staatsmann (zirka 640 – 560 vor Christus), den man ob solcher Erkenntnisse posthum zu den »Sieben Weisen« zählte. Und das, obwohl er besagte Theorie durch seine eigene Lebensspanne Lügen strafte.

Wer in solcherlei Betrachtungen noch die Regelmäßigkeiten des Himmels miteinbezog, für den führte an der Erkenntnis von einem gleichsam überirdischen Einfluss der Sieben auf alles Leben der Erde kein Weg vorbei: egal ob man besagten Himmel bei Tag oder bei Nacht betrachtete. So waren etwa bei Regenbogen stets dieselben Farbtöne Rot – Orange – Gelb – Grün – Blau – Blauviolett – Rotviolett zu

---

Die von Platon aufgeführten Sieben Weisen Griechenlands und einige ihrer zentralen Aussagen:

Thales: Bürgschaft, und schon ist Unheil da! – Nicht dein Äußeres schmücke, sondern sei schön in deinem Tun. – Was du den Eltern Gutes tust, das erwarte selbst im Alter von deinen Kindern. – Sei nicht faul, selbst wenn du Geld hast. – Besser beneidet als bemitleidet.

Solon: Nichts im Übermaß. – Sitze nicht zu Gericht, sonst wirst du dem Verurteilten ein Feind sein. – Fliehe die Lust, die Unlust gebiert. – Hab nicht mehr Recht als deine Eltern. – Lerne zu gehorchen und du wirst zu herrschen wissen.

Chilon: Erkenne dich selbst! – Zu den Festen der Freunde geh langsam, zu ihrem Unglück schnell. – Lass deine Zunge nicht deinem Verstand vorauslaufen. – Beweg nicht beim Reden die Hand; das sieht aus, als wärst du verrückt. – Bei Unrecht versöhn dich, bei Frechheit wehr dich.

unterscheiden. Auch wurden drei der auffallendsten Sternbilder jeweils aus sieben, mit bloßem Auge sichtbaren Sternen gebildet: die Pleiaden, der »Große Bär« und der »Kleine Bär«. Und schließlich hatten schon babylonische Astronomen des dritten vorchristlichen Jahrtausends summa summarum sieben Himmelskörper ausgemacht, die ihre Bahnen unabhängig von der Bewegung

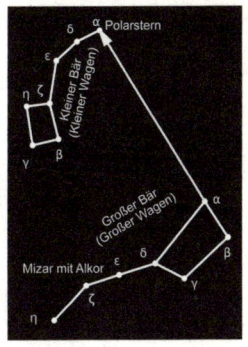

Pittakos: Erkenne den rechten Zeitpunkt! – Was du vorhast, sage nicht; denn gelingt's dir nicht, wirst du verlacht. – Was du dem Nächsten verdenkst, tu selber nicht. – Sprich nicht schlecht von deinem Freund und nicht gut von deinem Feind, denn solches wäre unlogisch. – Zuverlässig ist das Land, unzuverlässig das Meer.

Bias: Die meisten sind schlecht. – Sieh in den Spiegel: Wenn du schön aussiehst, musst du auch Schönes tun; wenn hässlich, musst du den Mangel der Natur durch Edelsein ausgleichen. – Geh langsam ans Werk; aber was du begonnen, bei dem harre aus. – Gewinne durch Überredung, nicht durch Gewalt. – Was du Gutes hast, schreib den Göttern zu, nicht dir.

Kleobulos: Maßhalten ist das Beste. – Viel hören und nicht viel reden. – Den Gegner des Volks als Feind ansehen. – Aus gleichem Stande heiraten; aus besserem Stand gewinnst du Herren, keine Verwandten. – Im Glück nicht stolz, im Unglück nicht niedrig sein.

Periandros: Habe das Ganze im Sinn! – Alles ist Übung. – Die Lüste sind vergänglich, die Tugenden unsterblich. – Schimpfe so, dass du schnell wieder Freund werden kannst. – Halte dich an alte Gesetze, aber an frische Speisen.

des restlichen Sternenhimmels vollzogen. Es waren dies jene Himmelskörper, deren Namen sich über die römische Kultur weltweit als Namensgeber der sieben Wochentage etablieren sollten: Sonne (Sonntag, sunday), Mond (Montag, monday, lundi, lunes, lunedì), Mars (mardi, martes, martedì), Jupiter (jeudi, joves, giovedì), Venus (vendredi, viernes, venerdì) und Saturn (saturday).

Vor allem dem Mond kam in vielen Kulturen eine Sonderrolle zu, vollzogen sich doch die vier Phasen Neumond, Halbmond und Vollmond seit Menschengedenken im allerschönsten Siebentage-Rhythmus, an dem sich schließlich – im Verbund mit den jahreszeitlichen Sonnenständen – ganze Jahresläufe festmachen, Aussaat- und Erntetermine bestimmen sowie rituelle Huldigungs- und Dankfeste kalendarisch festlegen ließen.

Dass solche Regelmäßigkeiten gleichsam »naturnotwendig« dazu beitrugen, auch Krankheitsverläufe und Heilsvorschriften den Siebentagezyklen des Mondes anzupassen, lässt sich nachvollziehen, umso mehr erstaunt es, dass die hellenistische Medizin- und Geisteselite ausgerechnet jene physiologischen Siebenbezüge unerwähnt ließ, die für jedes Individuum von Geburt an sichtbar sind: etwa den beinahe schon banal zu nennenden Umstand, dass wir unsere Umwelt mittels sieben Gesichtsöffnungen (Augen, Nasenlöcher, Ohren, Mund) wahrnehmen beziehungsweise mit diesen kommunizieren. Oder dass auch unsere Hauptgliedmaßen (Kopf, Hals, Rumpf, Arme, Beine) dem sieben-

---

Den Hauptgrund, warum Hollywoods Megastar der 1930er Jahre, Greta Garbo, sich mit 37 Jahren von der Leinwand verabschiedete, um sich für den Rest ihres Lebens in ihrem New Yorker Siebenzimmerappartement von der übrigen Welt abzuschließen, hatte die gebürtige Schwedin einmal so beschrieben: *Alle sieben Jahre wischt eine Hand* über mich drüber und ich werde älter. Auch wenn es sich hierbei wohl eher um eine subjektive Einschätzung handelte, fußte die Annahme der Schwedin auf einer langen abendländischen Auffassung: *Das vierte Lebensjahrsiebt ist die Blütezeit des Lebens*, hatte der jüdisch-hellenistische Denker Philon von Alexandria (ca. 15 vor Christus – 40 nach Christus) die gängige Lebensjahrsiebtelung fortgeschrieben. Ferner:

Das fünfte Lebensjahrsiebt ist der Zeitraum der Verehelichung
Das sechste bringt die Reife des Verstandes
Das siebente die Veredelung der Seele durch die Vernunft
Das achte die Vollendung von Verstand und Vernunft
Das neunte die Zähmung der Leidenschaft durch Gerechtigkeit und Milde

Dass nach dem zehnten Lebensjahrsiebt dann Schluss zu sein habe – ungeachtet aller endlich erworbenen Gerechtigkeit und Milde –, wurde in der Solon'schen Tradition unter anderem durch Psalm 90 der Bibel gestützt: *Des Menschen Leben währet siebzig Jahre.*

Weniger definitiv dachten da die Verfasser der fünf konfuzianischen Klassiker, als sie lediglich fanden, dass man im Alter von siebzig Jahren bestimmter Pflichten ledig sein dürfe wie etwa jener, Besucher persönlich empfangen zu müssen. In der westlichen Kultur hielt sich dagegen Philons Vorstellung von einer Siebenjahres-Teilung unseres Lebens bis in unsere Tage: von dem Oxford-Gelehrten Sir Thomas Browne (1605 bis 1682; *Jedes siebente Jahr bringt eine Veränderung – entweder im Körper oder in der Seele*) über die Waldorfpädagogik Rudolf Steiners (1861–1925; *Im 4. Jahrsiebt ereignet sich die Geburt des Ich*) bis zu jener modernen biowissenschaftlichen Theorie, dass sich sämtliche menschliche Zellen durchschnittlich alle sieben Jahre erneuerten. Grund genug für Greta Gustafsson-Garbo, auf die biblischen siebzig Jahre noch zwei Jahrsiebte draufzulegen und erst mit 84 Jahren von der Weltbühne abzutreten.

teiligen Bauprinzip folgen. Hätten Hippokrates und seine Kollegen auch nur im Geringsten geahnt, dass für einen der sieben menschlichen »Ausflüsse« – gemeint ist der Speichel – später der »neutrale« pH-Wert 7 ermittelt werden sollte, hätten sich den Altmeistern der Medizin angesichts der verdichteten Faktenlage vermutlich wohlig die Nackenhaare gekräuselt – nicht ahnend, dass sich darunter exakt sieben Nackenwirbel befinden –, eine jener vielen anatomischen Eigentümlichkeiten im Übrigen, die wir mit fast allen

Giraffenskelett mit seinen sieben Nackenwirbeln

Vögeln und Säugetieren gemeinsam haben, vom Specht bis hin zur Giraffe.

Der letztgenannte Siebenbezug bleibt für die meisten Sterblichen ebenso unsichtbar wie der Umstand, dass zu unserem aufrechten Gang die sieben unterschiedlichen Fersenknochen *Talus, Calcaneus, Os naviculare, Os cuneiforme I, Os cuneiforme II, Os cuneiforme III* und *Os cuboideum* beitragen.

Auch ist es zumindest verblüffend, dass nach allen bisherigen zahlenpsychologischen Erkenntnissen sowohl das frühe kindliche als auch das implizite tierische Zählvermögen in der Regel bei der Zahl Sieben enden.

Dergleichen war im Laufe der nachhippokratischen Jahrhunderte kein Thema. Ohnehin zielte das Interesse antiker und mittelalterlicher Geistesgrößen meist weniger auf die Beschreibung der für alle sichtbaren Eigentümlichkeiten ober- und unterhalb des Mondes als auf deren Deutung und Wertung. Dies begann sich im Prinzip erst dann zu ändern, als man im 16. Jahrhundert anfing, sich von der posthippokratischen Säftelehre des alexandrinischen Arztes Galenus zu lösen und Schröpfutensilien und Aderlassbesteck zur Seite legte.

Auf den meisten Feldern des Wissens trat zunehmend Forschung an die Stelle von Überlieferung, und im Gleichtakt mit industrieller Revolution und fließenden Forschungsgeldern revolutionierten sich auch die Naturwissenschaften.

Und doch – als hätte es noch eines letzten Bindegliedes zwischen archaisch-numerologischer Empirie und neuzeitlicher Systematik bedurft, war erneut die Sieben zur Stelle. Gemeint sind weniger solche wissenschaftshistorischen Randnotizen, dass etwa Charles Darwin seine Evolutionstheorie in sieben Notizbüchern entwickelt habe, als vielmehr jene revolutionären Klassifizierungen, die der Zahl Sieben ein ums andere Mal gleichsam naturgesetzlichen Rang zumaßen. So hielt sich beispielsweise der schon erwähnte Naturforscher Carl von Linné (1707–1778) nicht nur bei seiner eigenen Lebensspanne an die biblische Vorgabe, sondern zeugte zudem sieben Kinder. Was Wunder, dass der als Carl Nilsson Linnaeus geborene Schwede auch bei seinem Hauptanliegen, der biologischen Systematisierung allen irdischen Lebens, an der Siebenzahl nicht vorbeikam. Wie anders hätte er nach damaligem Kenntnisstand wohl einen Löwen klassifizieren sollen als nach den sieben absteigenden Kriterien Vielzeller – Wirbeltier – Säugetier – Raubtier – Katze – Großkatze – Löwe?

Indessen blieb dem Forscher zeitlebens die Antwort auf die Frage verwehrt, warum etwa die Männchen jeder nachwachsenden Löwengeneration eine stattliche Mähne ihr Eigen nennen, während ihre Schwestern zeitlebens mähnenfrei bleiben.

Dass auch diese Frage kein Buch mit sieben Siegeln blieb, verdankt die Welt in letzter Konsequenz den Erbsen-Experimenten des naturforschenden Klosterabts Gregor Mendel (1822–1884), der dabei ebenfalls auf die magische Sieben zurückgriff, indem er etwa die zweifelsfreie Chromosomen-Bestimmung anhand der sieben Merkmalpaare Samengestalt – Samenfärbung – Färbung der Samenschale – Hülsenform – Färbung der unreifen Hülse – Blütenstellung und Länge des Stängels bewerkstelligte.

Wer nun annimmt, mit den siebenbezogenen Zuordnungen und Klassifizierungen habe es irgendwann im 20. Jahrhundert sein Bewenden, der sieht sich insbesondere durch jene Entwicklung getäuscht, die unser aller Leben inzwischen bis in die kleinsten Facetten beeinflusst: Gemeint ist die Elektronik – jene Technik also, die ihren Durchbruch der simpel erscheinenden Erkenntnis verdankt, dass sich sämtliche Rechenvorgänge in eine Abfolge von 0/1- beziehungsweise Ja/Nein-Operationen verwandeln lassen und dass sich diese Operationen durch jeweils schwächere beziehungsweise stärkere Stromzufuhr elektronisch regeln lassen. Dass sich auf diese Weise am Ende gar Sprache, Musik und bewegte

Carl von Linné in einem Gemälde von Estate Hartenkamp, 1853, Universität von Amsterdam

Bilder reproduzieren lassen, liegt einerseits an der Lichtgeschwindigkeit der damit zusammenhängenden Vorgänge. Der eigentliche Durchbruch aber lag in der Entdeckung, dass sich jene archaischen Ja/Nein-Muster, vereinfacht ausgedrückt, in sogenannte logische Gitter aufspalten, bündeln und durch eine beliebige Folge von Verknüpfungen programmierbar machen lassen, logische Gitter also, oder englisch: logic gates. Und als wäre anderes gar nicht vorstellbar, folgen auch jene – nur zufällig an den Namen des Microsoft-Gründers anklingenden – alternativen »Gitter« einmal mehr dem Siebenmuster: und – oder – nicht – nicht und – nicht oder – inklusiv oder – exklusiv oder.

Nicht alle Klassifizierungssysteme, die seit Carl von Linné und Gregor Mendel dazu beitrugen, Naturwissenschaft fassbar zu machen, tragen die Namen ihrer Entdecker. Dies mag zum einen daran liegen, dass viele neue Forschungsergebnisse in Teams erarbeitet wurden, mitunter war jedoch einfach die Zeit reif für die jeweilige Entwicklung, so dass mehrere Wissenschaftler dieselbe Entdeckung zur selben Zeit zu Tage förderten. So geschehen im Jahr 1869. Aufbauend auf den Erkenntnissen des Jenaer Chemikers Johann Wolfgang Döbereiner (1780–1849), der erstmals einen Zusammenhang zwischen der Atommasse und den chemischen Eigenschaften einzelner Elemente nachgewiesen hatte, erarbeitete der Chemiker Dmitri Iwanowitsch Mendelejew (1834–1907) im russischen Sankt Petersburg fast haargenau das gleiche Periodensystem aller chemischen Elemente wie im schwäbischen Tübingen der Arzt und Chemiker Julius Lothar Meyer (1830–1895). Was dieses nach der jeweiligen Anzahl von Außenelektronen gegliederte System im Rahmen unserer Betrachtungen besonders interessant macht, ist der Umstand, dass die Bestückung der in der Natur vorkommenden Elemente mit besagten Außenelektronen beiden Wissenschaftlern offenbar keine andere Wahl ließ, als sämtliche Elemente jeweils sieben »Perioden« zuzuordnen.

Sosehr sich die Elektronik im vergangenen halben Jahrhundert als globaler Wachstumsmotor par excellence erwies, sosehr hat die Branche eine Reihe ihrer wesentlichsten Innovationen dem nur phasenweise unterbrochenen japanischen Wirtschaftswunder der 1960er bis 1980er Jahre zu danken. Einer der entscheidenden Faktoren des Jahrzehnte währenden japanischen Technologievorsprungs waren jene aus bestimmten Diagrammen, Regelkarten, Histogrammen und Ablaufplänen bestehenden Qualitätsmaßstäbe, die der Tokyoter Chemiker und spätere Universitätsdozent Ishikawa Kaoru erstmals 1943 entworfen hatte und die sich in der Wirtschaftsgeschichte als die »Sieben Werkzeuge der Qualität« (Seven tools of quality) etablieren sollten.

Man mag sich an dieser Stelle fragen, ob es dem japanischen Wirtschaftswunder auch nur im Geringsten geschadet hätte, wenn Herr Kaoru besagten »Q7« in zwanzigjähriger Forschungsarbeit noch einen achten, neunten oder gar zehnten Qualitätsmaßstab hinzugefügt hätte. Vermutlich war dies aber nicht nötig und hätte womöglich am Ende gar den Produktionsprozess entscheidend behindert. So ist wohl davon auszugehen, dass der an naturwissenschaftlicher Systematik trainierte Chemiker sich nicht etwa an der »mystischen Zahl« orientierte, sondern dass hier einmal mehr eine Art »faktischer Naturgesetzlichkeit« zum Tragen kam.

Ähnlich mag es wohl dem 1938 in New York geborenen Virologen und Medizin-Nobelpreisträger David Baltimore ergangen sein, als er jahrelang nach jenen Kriterien forschte, durch die sich sämtliche bis 1971 bekannten Viren kategorisieren ließen, und der schließlich bei einem Unterscheidungssystem landete, in dem die Faktoren positiv/negativ, Einzelstrang-/Doppelstrang-DNA/RNA auf beinahe wundersame Weise einmal mehr zu einem geschlossenen System von sieben Kategorien führten. Dabei war auch diese »Baltimore-Classification« nur eine unter zahlreichen weiteren siebenteiligen Kategorisierungen. Schon 1960 war man sich weltweit einig, die teils kulturell bedingt uneinheitlichen Maß- und Gewichtseinheiten in einem kohärenten System zu vereinheitlichen. Und siehe da: Als man die Basis-Einheiten Meter (Länge), Kilogramm (Gewicht), Sekunde (Zeit), Ampere (Elektrizität), Kandela (Licht), Mol (Stoffmenge) und Kelvin (Temperatur) von 1 bis x durchzählte, fand man heraus, dass für x einmal mehr die Zahl Sieben stand. Nicht viel anders ging es den Mineralogen, als sie sich anschickten, ein Grundsystem sämtlicher, auf der Erde je vorgefundener kristalliner Grundstrukturen zu erstellen, und als man auch hier auf nicht mehr und nicht weniger als sieben Unterscheidungskriterien stieß: kubisch – tetragonal – hexagonal – trigonal – rhombisch – monoklin – triklin.

Wie wäre es zur Abwechslung mit einem Test in Sachen Kurzzeitgedächtnis? Wer möchte, präge sich bitte die Zahlenkombination 12 – 94 – 17 – 79 – 26 durch einmaliges Lesen ein und bringe anschließend die Zahlen zu Papier, ohne das Buch zu benutzen! Falls Sie die Aufgabe auf Anhieb fehlerfrei gemeistert haben, probieren Sie es nach einer kurzen Pause mit folgender Kombination: 35 – 81 – 29 – 17 – 43 – 67 – 84 – 52! Sollte es diesmal nicht geklappt haben, brauchen Sie deswegen nicht an sich zu zweifeln. Sie haben damit lediglich die Theorie des US-amerikanischen Psychologieprofessors George A. Miller bestätigt, der 1956 am Ende einer siebenjährigen Untersuchungsreihe befand, dass unser Kurzzeitgedächtnis über sieben Verarbeitungskanäle verfüge, weshalb wir uns auf Anhieb meist bis zu sieben unterschiedliche Informationen gleichzeitig merken können, ab der achten aber meist durcheinandergeraten. Es sei denn, unser Gehirn vernetzt mehrere Informationen so miteinander, dass sie zu einer Informationseinheit (Chunk) verschmelzen (= chunking), etwa indem man die zehn Buchstaben R – T – H – O – A – Y – G – S – P – A durch Umstellen zu leicht memorierbaren neuen Einheiten kombiniert, wie beispielsweise

Auch fanden Software-Spezialisten bereits in den 1960er Jahren heraus, dass sich das komplette Zahlen- und Zeichensystem unterschiedlicher Sprachen und Schriften in Textprogrammen mittels eines 7-Bit-Zeichensatzes, auch ASCII genannt, darstellen lässt (siehe dazu den kleinen Exkurs auf der folgenden Seite).

Blieben noch die »sieben freien Künste«, von denen nur die Musik ihren diesbezüglichen Status aus der Antike in die Neuzeit gerettet hat, während die anderen sechs – Grammatik, Rhetorik, Logik, Arithmetik, Geometrie und Astronomie – ihre Plätze mit Literatur, Theater, Malerei, Skulptur, Fotografie und Film (in Frankreich: Le septième art) tauschen mussten. In sieben »Modi« gliedert sich der siebenstufige (heptatonische) Tonvorrat, der die abendländische Musik seit der hellenistischen Antike prägt. Egal ob »ionisch«

»Spar-Agytho«, »Ghost-Paar Y« oder »Pythagoras«. Auch die – zugegeben – etwas schrille Informationsfolge Löwe – Wolkenkratzer – Fisch – Wolken – Messer – Krankenschwester – Gruselkrimi – Oktoberfest lässt sich mühelos bändigen, wenn man diese in das fiktive Szenenspiel eines in einem Wolkenkratzer Fisch dinierenden Löwen »übersetzt«, der sich mit dem (Fisch-)Messer in die Tatze schneidet, von einer Krankenschwester notversorgt wird, die sich ihrerseits in einen Gruselkrimi oder eine Oktoberfest-Achterbahn versetzt fühlt. Es ist dies dieselbe Technik, mit der neuzeitliche Gedächtniskünstler ihre »sieben Chunks« überlisten, die aber meist versagt, sobald wir uns etwa die schnelle Schnittfolge eines modernen TV-Clips einprägen wollen. Millers Thesen fanden ihren Niederschlag in einer der meistbeachteten Psychologie-Publikationen des 20. Jahrhunderts (›The Magical Number 7, Plus or Minus Two: Some Limits on Our Capacity for Processing Information‹). Ob sie sich auch in der rauen Lebenswirklichkeit bestätigen und wieweit die »Chunk«-Theorie den Erkenntnissen der modernen Gehirnforschung standhält, soll uns im übernächsten Kapitel beschäftigen.

(zum Beispiel: c – d – e – f – g – a – h), »dorisch«, »phrygisch«, »lydisch«, »mixolydisch«, »äolisch« oder »lokrisch«, egal ob Kirchenmusik, Flamenco, Popmusik oder alpenländische Volksmusik – stets spielt darin die siebenstufige Diatonik (diatonos = durch Ganztöne gehend) gleichsam die erste Geige.

Wieder stellt sich angesichts der phänomenalen Siebenhäufung in Kunst, Kultur, Wissenschaft, Physiologie, Religion und Kosmos die Frage: Zufall, Naturgesetz, Rezeptionsgewohnheit, Tradition oder Konstruktion? Oder am Ende doch Magie?

Seit der englische Philosoph John Locke (1632–1704) dieses Phänomen erstmals als »The seven phenomena« bezeichnete, reißen die Versuche nicht ab, Herkunft und Magie der mystischen Sieben zu entschlüsseln. Ähnlich vielfältig, wie sich die Sieben seit Jahrtausenden ein ums andere Mal in Szene setzt, präsentieren sich seither die Versuche, besagtes Phänomen zu deuten: von der tiefenpsychologisch begründeten Annahme, die Sieben werde *unbewusst als erste Primzahl* wahrgenommen (L. Paneth: ›Zahlensymbolik im Un-

---

Ausgeschrieben heißt »ASCII«: »American Standard Code for Information Interchange« (»amerikanischer Standard-Code für Informationsaustausch«). Auch der Begriff »7-Bit« ist leicht zu entmystifizieren. Man muss dazu nur wissen, dass jedes Bit, vereinfacht ausgedrückt, die beiden Werte 0 und 1 annehmen kann. Rechnet man diese nun mit dem Exponenten »7« hoch – in Zahlen: 2^7 –, so erhält man mit dem Ergebnis 128 zugleich jene Zahl, mit der sich in der Regel sämtliche druckbaren und nicht druckbaren Zeichen des sogenannten Standardsatzes darstellen lassen, beispielsweise: !«#$%&'()*+,-./0123456789 :;<=>?@ABCDEFGHIJKLMNOPQRSTUVWXYZ[\] ^_`abcdefghijklm nopqrstuvwxyz{|}~. »7 Bit«? Man könnte stattdessen ebenso gut auch »128« sagen.

bewussten‹) über die Bewertung der Sieben als *idealer Rundzahl* (zum Beispiel bei »siebentägigen Fristen« oder »siebenköpfigen Gremien«; A. Schimmel: ›Das Mysterium der Zahl‹) bis hin zur Ursachenforschung bei den *lunaren Zyklen* – sprich: den Mondphasen (E. Bischoff: ›Mystik und Magie der Zahlen‹) oder jenen sieben wandelnden Himmelskörpern, die vom Beginn der mesopotamischen Hochkulturen an nicht zuletzt die Vorstellung von den *sieben Himmeln* begründeten (F. v. Andrian: ›Die Siebenzahl im Geistesleben der Völker‹).

So führt uns unsere Spurensuche nach den Wurzeln der magischen Sieben geradezu zwangsläufig in jene Region zwischen Euphrat und Tigris zurück, von wo aus sich einst der legendäre Stammvater Abraham gen Kanaan aufmachte, wo vor rund zweieinhalbtausend Jahren die mystische Sieben in Judentum, Christentum und Islam begründet wurde, wo man die Sieben längst als »Zeichen der Gesamtordnung des Kosmos« ansah und wo sich weitere zweieinhalbtausend Jahre zuvor die erste Hochkultur auf Erden etabliert hatte. Im Grab eines der ersten Könige der Menschheitsgeschichte fand man dort jenes simple Spielgerät namens »Würfel«, das sich unter anderem dadurch auszeichnet, dass die Zahlenwerte der Vorder- und Rückseite zusammengerechnet stets dieselbe Zahl, Sieben, ergeben, die sich zudem bei jeweils zwei Würfen mit der größten Häufigkeit einstellt.

Bevor wir das Rad der Kulturgeschichte in die Zeit zurückdrehen, als die Erde von ziemlich genau sieben Millionen Menschen bevölkert wurde, wollen wir einen weiteren physiologischen Siebenbezug namhaft machen, der nicht ganz unmaßgeblich dafür ist, dass selbige Menschheit binnen 6000 Jahren auf nunmehr fast sieben Milliarden Menschen anwachsen konnte. Die Rede ist von jenem männlichen Schwellkörper, der sich – medizinisch gesprochen – aus den

Corpora Cavernosa und dem *Corpus Spongiosum* zusammensetzt und der sich zur Erfüllung besagten Fortpflanzungsauftrags – man mag es glauben oder nicht – mit der bis zu siebenfachen Blutmenge aufzufüllen vermag.

Sumer und die Folgen

Vom Ur-Beginn aller Siebenmythen

In Zeiten, da sich wesentliche Koordinaten auf unserer Erde scheinbar unablässig verschieben – Stichwörter: Technologiewandel, Globalisierung, Ausbeutung von Mensch und Natur, Reich-Arm-Gefälle, ethnisch-religiöse Konflikte, Zerstörung nicht erneuerbarer Ressourcen, Klimawandel, Auslöschung indigener Vielfalt –, sei an dieser Stelle die Zwischenfrage erlaubt: Was eint uns Menschen eigentlich?

Gemeint sind hier nicht unsere gemeinsamen genetischen Dispositionen, etwa dass wir alle sterblich sind oder dass unser individuelles »Rechenzentrum« auf sieben Nackenwirbeln ruht, egal ob wir sie gebeugt oder aufrecht tragen. So mag denn die Antwort auf unsere Frage möglicherweise überraschen, denn in der Tat ist uns knapp sieben Milliarden Erdbewohnern wohl kaum etwas so gemeinsam wie der uns allen von Anbeginn anhaftende Migrationshintergrund!

Lässt man einmal die teils im Dunkeln liegende (Homo heidelbergensis), teils verunglückte (Neandertaler) Vergangenheit des Homo erectus beiseite und beginnt stattdessen beim Homo sapiens, so vollzog sich dessen von Zentralafrika ausgehende Ausbreitung und Vermehrung binnen rund 200 000 Jahren als eine allenfalls eiszeitbedingt unterbrochene Abfolge von meist ernährungsbestimmten Migrationsbewegungen. Einer der Effekte: Wo immer sich nomadisierende Verbände mit der jeweils bereits ansässigen Population friedlich mischten – und meist nur dort! –, kam es zu entscheidenden Kulturfortschritten. So geschehen beispielsweise im siebten vorchristlichen Jahrtausend, als sich nach Ende der letzten Eiszeit im klimatisch begünstigten kleinasiatischen Raum infolge kontinuierlicher Zuwanderung erste stadtähnliche Strukturen bildeten, zum Beispiel Jericho. Ein Jahrtausend später ließ der zunehmende Bedarf an Werkzeugen und Kultgegenständen entlang des »fruchtbaren mesopotamischen Halbmondes« die ersten Keramikwerkstätten und Kupferschmieden der Menschheit entstehen. Und gegen Ende des fünften vorchristlichen Jahrtausends war es letztlich der Zuwanderungsbewegung aus der Region rund um das Kaspische Meer zu danken – mit der Folge eines aus allen Himmelsrichtungen anschwellenden Händlerstroms –, dass sich fast tausend Jahre vor China und Ägypten und rund 1500 Jahre vor der Induskultur zwischen den südlichen Flussläufen des Euphrat und des Tigris die erste Hochkultur der Menschheitsgeschichte bildete.

Wo sich im hellbraunen Sand der mesopotamischen Wüste bis dahin allenfalls einige wenige Dörfer im Respektabstand aneinanderreihten, den regelmäßigen Überschwemmungen der beiden gewaltigen Ströme hilflos ausgesetzt, wandelte sich die Wüste nun in eine Kulturlandschaft. Dämme und Bewässerungssysteme bändigten die Flusskräfte und ließen grüne Landschaften entstehen. Mit Gräsern rissfest gemachter, in der Sonne getrockneter Lehm entpuppte sich nicht nur als hervorragendes Baumaterial, mit dem sich sogar erste Gewölbe erstellen ließen, sondern wurde bald auch als idealer Schreibuntergrund erkannt, auf dem sich etwa ab 3500 vor Christus Bevölkerungszahlen, Tierbestände, Inventare, gesetzliche oder religiöse Vorgaben, astronomische Beobachtungen und die vielfältigsten Berechnungen mittels eines keilförmigen Druckstempels dauerhaft speichern ließen.

Mit den Pfründen, die es in der prosperierenden und zunehmend hierarchisch gegliederten Gesellschaft der Städte

Ur, Uruk, Lagasch, Nippur und Eridu zu wahren galt, wuchs der Bedarf an göttlicher »Rückversicherung« gegen allfällige Unbilden, Katastrophen und Gefährdungen. Und während überall sonst auf der Erde nach wie vor schamanische Kultpraktiken, Animismus, Fetischglaube, Totem und Tabu das kosmologische Band zu den jenseitigen Mächten knüpften, etablierten sich in der fortan »Sumer« (= Kulturland) genannten Region höchst konkrete Vorstellungen von einer Vielgötterwelt, deren Mitglieder man ausschließlich im Himmel verortete und die man daher mit dessen ebenso unerklärlichen wie regelmäßigen Erscheinungen unmittelbar in Verbindung brachte.

An der Spitze dieses Pantheons etablierte sich der in stetig gewandelter Gestalt über den Himmel flanierende Mondgott Nanna, gefolgt von Gattin Ningal und der gemeinsamen Tochter Innana, die man mit dem hell leuchtenden Abendstern gleichsetzte. Zuständig für die korrekte Zuordnung der immer umfangreicher werdenden Kultrituale, Feiertage, Dank- und Opferfeste war eine Berufsgruppe, deren schamanische Wurzeln infolge der geistig-geistlichen Durchdringung des zunehmend »theologischen« Gesamtkomplexes rasch unkenntlich wurden: die Priester. Sie waren es, die – Seite an Seite mit der weltlichen Macht – die Götterwelt und deren Macht für die Untertanen erfahrbar machten, die den Göttern ein anthropomorphes Antlitz verpassten und die im dritten vorchristlichen Jahrtausend jene schon erwähnten Zikkurat (= Himmelsberg) genannten Tempel entstehen ließen. Und als habe es akkurat dieser Stufe der religiösen Evolution bedurft, stellt sich pünktlich mit den ersten Zikkurats erstmals in der menschlichen Kulturgeschichte ein bis dahin scheinbar unbeachtetes Element ein: die mystische Sieben.

»Haus der sieben Teile der Welt« nennen die sumerischen Priester ihre in sieben Etagen in Richtung der sieben Wandelgestirne aufragenden Tempel. Und da die Priester aus der schamanischen Vergangenheit wissen, dass Kult und Religion starker Mythen bedürfen, um ihre Wirksamkeit zu steigern, liegt es nahe, die als himmlisch erkannten Siebenbezüge – Stichwörter: Mondphasen, Kleiner und Großer Wagen, Siebengestirn oder ebenjene sieben Wandelgestirne – episch zu unterfüttern:

> *Steig auf die Mauer von Uruk, geh voran,*
> *Prüfe die Gründung, besieh das Ziegelwerk!*
> *Ob ihr Ziegelwerk nicht aus Backsteinen ist,*
> *Ihren Grund nicht legten die sieben Weisen.*

So heißt es da etwa gleich auf der ersten Lehmtafel jener Heldengeschichte, die ihre mystische Spannung aus dem Mit- und Gegeneinander von Menschen und Göttern bezieht und die sich als das erste schriftliche Epos der Menschheitsgeschichte erweisen soll. Und es ist denn auch nicht zufällig die schon erwähnte bildschöne Mondtochter Innana – in späterer semitischer Abwandlung auch Ischtar genannt –, die sich in Bilga, den sagenhaften König von Uruk und Protagonisten dieser Story verliebt. Erst in späteren Überlieferungen wird man den Namen in Bilgamesch, noch später in Gilgamesch verwandeln, ohne dass sich dadurch am fruchtlosen Verlauf der auf Unsterblichkeit gerichteten Bemühungen des Helden das Geringste ändert. Dabei ist es keineswegs nur das erstmalige Aufblühen der Siebenmythologie, die das ›Gilgamesch-Epos‹ bis heute so interessant macht:

> *Brot aß Enkidu, bis er gesättigt war,*
> *Trank den Rauschtrank – der Krüge sieben!*

Oder:

> *Grubst du ihm Gruben, sieben und abermals sieben.*
> *Da du liebtest das schlachtenfromme Ross,*
> *Hast ihm Peitsche du, Stachel und Peitschenschnur bestimmt,*
> *sieben Doppelstunden zu rennen bestimmt.*

Sowie:

> *Die sieben Stadttore von Uruk verriegelte er.*
> *Das Wort hörte sie, die Bürgerschaft scharte sich,*
> *Man gab sich der Freude hin auf der Straße von Uruk-Markt.*

Von besonderer Bedeutung sind auch jene Elemente, denen wir mehr als tausend Jahre später an anderer prominenter Stelle wiederbegegnen werden:

> *Sechs Tage und sieben Nächte*
> *Geht weiter der Wind, die Sintflut,*
> *Ebnet der Orkan das Land ein. (...)*
> *Wie nun der siebente Tag herbeikam,*
> *Ließ ich eine Taube hinaus;*
> *Die Taube machte sich fort – und kam wieder:*
> *Kein Ruheplatz fiel ihr ins Auge, da kehrte sie um.*

Es ist dies das Sintflut-Motiv mit seinen wesentlichen Erzählbestandteilen. Doch auch jener Unterweltfluss, dem wir in der hellenistischen Sagenwelt unter dem Namen Styx wiederbegegnen und an dessen Ufer der Barde Orpheus dereinst sieben Tage und sieben Nächte lang das steinerne Herz des Fährmanns Charon gesanglich erweichen wird, wurzelt letztlich im Sumerischen:

> *Kommst du aber zum Wasser des Todes – was willst du tun?*
> *Gilgamesch, da ist Urschanabi, Utnapischtims Schiffer!*
> *Geh hin, dass er dein Angesicht schaue!*

Wenn's möglich ist, fahr über mit ihm,
Wenn's nicht möglich ist, weiche hinter dich!

Offensichtlich lechzten bereits die Mesopotamier nach gut erzählten Geschichten, und so reihten sich neben ›Gilgamesch‹ bald zahllose weitere, von den Beziehungen zwischen Göttern und Menschen kündende schriftliche Mythen. Doch egal, ob darin von Gott Enki (= Herrscher der Erde), Windgott Enlil (= Herr der lauten Worte), dem Pestgott Erri oder von dem einen oder anderen regionalen Hauptgott die Rede ist: Immer wieder springen dem keilschriftlich versierten Leser neue Siebenbezüge ins Auge. So werden auf den Tontafeln dutzendfach Siebentage-, Siebenmonats- und Siebenjahresfristen beschworen, verbreiten erstmals »sieben Dämonen« oder »siebenköpfige Schlangen« den erwünschten Schauder, geben sich »sieben Mal sieben Helfer«, »sieben Richter« oder »sieben Helden« ein Stelldichein. Von mystisch-elementaren Siebenbezügen wie den »sieben Bergen«, den »sieben Flammen« oder den »sieben Stürmen«, den »sieben Weisheiten« und den »sieben Schrecken« ganz zu schweigen. Immer wieder aber künden die Epen von jener »Siebengottheit«, die im Bewusstsein der Sumerer synonym für »Universalgottheit« steht und die in den erwähnten siebengeschossigen Tempeln ihre kultarchitektonische Entsprechung findet.

In der sumerischen Hochkultur des dritten vorchristlichen Jahrtausends – lange vor Ägypten, Persien, Nordindien oder China – finden also im Grunde bereits sämtliche mythisch-mystisch-heiligen Siebenbezüge Erwähnung, die erst sehr viel später in Judentum, Christentum, Zoroastrismus, Hinduismus, Islam, Daoismus, Konfuzianismus oder Shintoismus Einzug halten; die in religiösen Abspaltungen, Mysterienkulten, kabbalistischen Berechnungen, christlicher oder islamischer Exegese aufs Mannigfaltigste variiert und multipliziert werden; die die Mythen-, Märchen-, Aberglaubens- und Buchwelt bis in unsere Tage beeinflussen, und die letztlich bis in die weltlichen Strukturen aller nachfolgenden Epochen hineinwirken sollen.

Der sumerischen Hochkultur ist allerdings nach knapp 1500-jähriger Blüte ein vergleichsweise abruptes Ende beschieden: Mit einem Mal erweist sich die bis dato meist friedliche Koexistenz der mesopotamischen Stadtstaaten als Systemschwäche, öffnen aufbrechende Rivalitäten zwischen den göttergleich verehrten Monarchen kriegerischen Interventionen von außen den Raum. So geschehen im Jahr 2371 vor Christus, als der akkadische König Sargon handstreichartig sämtliche sumerische Stadtstaaten erobert und zu einem Reich zusammenschließt. Wo bis dahin kulturelle Vielfalt herrschte, bedingen nun Unterdrückung und zentrale Machtausübung einen fast 500 Jahre währenden kulturellen Stillstand, bis sich am Ende ein paar hundert Kilometer nördlich von Ur und Uruk eine neue Hauptstadtkultur erhebt, die sich nicht nur als prägend für den gesamten kleinasiatischen Raum, sondern auch als die Wiege aller späteren mediterran-europäischen Hochkulturen erweisen soll: Babylon.

Maßgeblich für den endgültigen Aufstieg jener rund neunzig Kilometer südlich der heutigen irakischen Hauptstadt Bagdad gelegenen antiken Metropole ist die Machtübernahme im Jahr 1792 vor Christus durch den sechsten König seit Erhebung Babylons zur Stadtmonarchie, Hammurapi – übersetzt etwa: »Väterliches Familienoberhaupt«. Als solches mag sich Hammurapi wohl in der Tat verstanden haben. So wehrt er bis zu seinem Tod im Jahr 1750 vor Christus nicht nur allfällige Bedrohungen von außen ab, sondern beschert seinen Landeskindern im Inneren – neben einer jährlichen Ereignischronik und anderen kulturellen Neuerungen – eine 282 Paragraphen umfassende Rechtsordnung sowie ein an den Mondphasen orientiertes Kalendersystem, das den 7., 14., 21. und 28. Kalendertag eines jeden Monats als »Schabattu« festschreibt, an dem jegliche Arbeit zu unterbleiben hat. Doch ähnlich wie dieses »modern« anmutende Gesetzeswerk letztlich auf den Vorgaben sumerischer Könige aufbaut, wirkte die sumerische Hochkultur im erblühenden Babylon auch auf anderen Gebieten fort. So wird sich »Sumerisch« – ungeachtet der gewandelten Alltagssprache – noch jahrhundertelang als sakrale und literarische Hochsprache erhalten. Und so wird sich auf diese Weise die sumerische Vielgötterwelt im Großen und Ganzen auch in Babylon behaupten.

Mehr denn je verehrt ist die Mondtochter Ischtar, ihr sind in der sieben Quadratkilometer großen Metropole außer dem Haupttor als einziger Gottheit gleich zwei Tempel

---

Nach dem heutigen Stand der Forschung datiert die Niederschrift von ›Enuma elisch‹ etwa um das Jahr 800 vor Christus. Es mag ein Zufall sein, dass in Babylon ungefähr zur selben Zeit ein architektonisches Werk seiner Bestimmung übergeben wird, das sich Seite an Seite mit dem nebulösen Turmbau als der berühmteste Bau der babylonischen Geschichte erweisen soll: Gemeint ist jene Terrassenlandschaft voller ausgeklügelter Bewässerungssysteme, die sich unter dem Namen »Hängende Gärten« zeitlich gesehen als zweites »Weltwunder der Antike« hinter die Pyramiden von Gizeh reiht. Babylon steht zu dieser Zeit unter dem rund fünfjährigen Interregnum einer assyrischen Königin namens Sammuramat. Erst die griechischen Geschichtsschreiber nachfolgender Jahrhunderte verwandeln den Namen der Königin in »Semiramis«. Doch hat es jene »Hängenden Gärten der Semiramis« wirklich gegeben oder entsprangen diese möglicherweise ebenso der schwülen Phantasie nachgeborener Chronisten wie jener Mythos von der »Hure Babylon«, der sich – via biblischer Offenbarung – bis heute als Vielzweckmetapher behauptet? Entzündet hat sie sich ursprünglich wohl an selbiger Köni-

geweiht. Nur an der Spitze des Pantheons haben sich die Machtverhältnisse verschoben. Maßgeblich hierfür ist jenes babylonische Weltschöpfungsgedicht, welches sich ›Enuma elisch‹ nennt (›Als der Himmel noch nicht genannt war‹).

Als wollten die – inzwischen assyrisch gewandelten – Babylonier dem monotheistischen Ansatz des viele hundert Kilometer westlich entstehenden Judentums vorgreifen, beherrscht hier mit einem Mal ein neuer Hauptgott die Szene – sein Name: Marduk. Und als sei anderes gar nicht vorstellbar, erfährt mit der neuen göttlichen Himmelshoheit ein anderes, wohlbekanntes Element seine sakrale Fortschreibung: *Er sandte die sieben Winde aus, die er gemacht hatte.*

Längst haben auch diese sumerischen Wurzeln im fruchtbaren babylonischen Boden gegriffen, treiben Mythen, Himmelskunde und mathematische Berechnungen vielfältig neue

---

gin: *Und es kam einer von den sieben Engeln, die die sieben Schalen hatten, und redete mit mir und sprach,* heißt es da in der im ersten nachchristlichen Jahrhundert verfassten Offenbarung des Johannes 17, 1–3: *Komm her, ich will dir das Urteil über die große Hure zeigen, die auf den vielen Wassern sitzt, mit der die Könige der Erde Hurerei getrieben haben.* Besagter Johannes mag sich dabei wohl an jenen Bericht des zeitnäher geborenen Herodot (490–424 vor Christus) orientiert haben: *Jede Babylonierin muss sich ein Mal in ihrem Leben in den Tempel der Aphrodite begeben* [gemeint ist Ischtar], *sich dort niedersetzen und sich einem Mann aus der Fremde preisgeben.* Ob der von manchen heutigen Geschichtswissenschaftlern als »Stubengelehrter« bezeichnete Herodot den beschriebenen Vorgang tatsächlich aus eigener Anschauung erlebt hat, darf indes bezweifelt werden. Nicht minder groß sind im Übrigen die Zweifel an der Existenz besagter »Hängender Gärten«. Von ihnen gibt es weder eine authentische zeitgenössische Darstellung, noch wurden diese unter den baulichen babylonischen Überresten bis heute zweifelsfrei identifiziert.

Ableger. Es reihen sich neben die Vorstellung von »sieben Himmeln« oder »sieben göttlichen Winden« jene von »sieben Metallen« (Gold, Silber, Quecksilber, Kupfer, Eisen, Zinn, Blei), »sieben Farben«, »sieben Erdteilen«, »sieben Flüssen«, »sieben Meeren«, »sieben Zweigen des Lebensbaumes« sowie

Der Gesetzeskodex von Hammurapi, musée du Louvre, antiquités moyen-orientales

von »sieben Düften«, welche entweder als Weihrauch (Zeder, Zypresse, Storax, Myrte, Ladanum) oder in Salbenform (Galbanum, Narde) mal den göttlichen, mal den menschlichen Riechorganen schmeicheln.

Was spräche angesichts all dessen also dagegen, bei der Frage nach der weiteren Verbreitung der »mystischen Sieben« rund um den Globus jener »Diffusionstheorie« zu folgen,

Marx Anton Hannas: Der Turm zu Babel, 17. Jh., Holzschnitt, 16,7 x 11,9 cm, New York, Metropolitan Museum of Art

die der königlich-bayerische Ministerialrat und Anthropologe Ferdinand von Andrian-Werburg im Jahr 1901 erstmals zum Ausdruck brachte (›Die Siebenzahl im Geistesleben der Völker‹) und die seither in fast allen Publikationen zum Thema wiederholt wird: *Die kosmisch-mystische Sieben strahlt von den ältesten Kultursitzen in Mesopotamien nach den verschiedensten Weltrichtungen aus.*

Wie anders als unter dem mächtigen kulturellen Einfluss Babylons hätte sich wohl die »mystische Sieben« im Hellenismus etablieren und der ursprünglich bedeutsameren »Neun« (siehe: neun Musen oder neun Wochentage den Rang ablaufen können. Wie anders hätte sich die babylonische Vorstellung von »sieben Meeren« oder »sieben Weisen« über das klassische Altertum bis in die Neuzeit erhalten? Über Babylon führt der Exportweg, auf dem sich die sumerische Vorstellung von »sieben Dämonen«, »sieben Weisen« oder »sieben Himmeln« Jahrhunderte oder Jahrtausende spä-

---

Lange bevor man dem altgriechischen Staatsdichter Homer mangels greifbarer biografischer Daten gleich sieben unterschiedliche Geburtsorte zuerkannte, hatte der solchermaßen Geehrte zu seinen Lebzeiten in der Tat selber der Neun den Vorzug gegeben: So begegnen wir etwa in Homers bekanntesten Werken rund doppelt so oft neunjährigen oder neuntägigen (›Ilias‹: *Schon neun Tag empörte der Streit die unsterblichen Götter*) als etwa siebentägigen oder Siebenjahresfristen: (›Odyssee‹: *Sieben Jahre blieb ich bei ihr und netzte mit Tränen stets die ambrosischen Kleider, die mir Kalypso geschenkt.*) Noch deutlicher schlägt die ursprüngliche Dominanz der Neun gegenüber der Sieben in der dritten Hauptquelle der griechischen Mythologie zu Buche, der im siebten vorchristlichen Jahrhundert verfassten ›Theogonie‹ des griechischen Landwirts und Dichters Hesiod: Während sich bei Hesiod die »Neun« mal göttlich inspiriert, mal frivol in Szene setzt, findet hier die Sieben nicht ein einziges Mal Erwähnung.

Nicht von ungefähr tritt das Motiv des rituellen Auf- beziehungsweise Abstiegs in der Kultur- und Religionsgeschichte immer wieder zu Tage. Spiegelt sich darin doch letztlich jener Vorgang, der sich im menschlichen Leben stets dann wiederholt, wenn jemand die Schwelle von einer »Welt« in eine andere »Welt« überschreitet – heißt: wenn jemand den Zugang zu einer neuen gesellschaftlichen Gruppierung anstrebt. Je »elitärer« oder »mystischer« die angestrebte Zugehörigkeit ist – so die Regel –, umso stärker treten beim Übergang die Elemente »Initiation« und »Wandlung« in Erscheinung.

Auch hier setzte sich einmal mehr die Sieben in Szene und findet ihren Ursprung in den mesopotamischen Vorstellungen. So scheint etwa der symbolische »Aufstieg« der Initianden in den römischen Mithrasmysterien (welche im Übrigen jeweils am 7., 14., 21. und 28. eines Monats stattfanden) durch »sieben Himmelstore« undenkbar ohne die sumerisch-babylonische Vorstellung von sieben Planetensphären – sprich: Himmeln. Den Ritus, dass dabei besagte Initianden bei jedem dieser Tore ein Kleidungsstück ablegten (symbolisch für je eine abgelegte Eigenschaft), gibt es schon in der babylonischen Mythologie, wonach auch Ischtar auf dem Weg ins Totenreich an jedem der sieben Unterweltore ein Kleidungs- und ein Schmuckstück ablegen muss. Von jenen sieben »Unterweltoren« zur christlich-mittelalterlichen Vorstellung von den sieben Stufen des Fegefeuers ist es dann nur mehr ein ähnlich kleiner Schritt wie von den sieben Mithras-Weihestufen zu den sieben priesterlichen Weihestufen des Mittelalters (Ostiarier – Lektor – Akolyth – Subdiakon – Diakon – Priester – Bischof).

Verfolgt man die Idee des Aufstiegs oder Abstiegs durch sieben Sphären durch die Religionsliteratur und Mythengeschichte weiter, so begegnet einem diese immer wieder: von den »Sieben Stufen des mystischen Lebens« des flämischen Schriftstellers und Theologen Jan van Ruysbroek (1293–1381) über die siebenmalige Umkreisung der Kaaba in Mekka bis hin zur jener schon erwähnten Ratgeberliteratur, der zufolge der Weg zum Erfolg ebenfalls auffallend oft in »sieben Schritten« oder »sieben Stufen« vorgezeichnet ist.

ter im Zoroastrismus (siehe: sieben »Amesha Spentas«), im Hinduismus (siehe: sieben »Rishi«) oder im Islam (»sieben Himmel«, »sieben Weise«, »sieben Schutzheilige«, »sieben Hirten«) etablierte und die »sieben Weltteile«, »sieben Jahreszeiten«, »sieben Himmelsfestungen« oder »sieben Meerestiefen« in die heiligen indischen Texte der ›Rigveda‹ Einzug hielten.

Auch die siebenlastigen »biblisch-talmudischen Medizin-Rezepturen« fanden ihren Weg von Sumer/Babylon über die alttestamentarischen Bibeltexte mit Streuwirkung durch die kabbalistische Exegese. So lautet die Empfehlung im Falle einer Malaria-Erkrankung beispielsweise: *Nimm sieben raue Rindenstückchen von der Palme, dazu sieben Balkensplitter, sieben Nägel von sieben Brücken, sieben Aschen von sieben Öfen, sieben Löffelvoll Erde von sieben Schwellen, sieben Stück Pech von sieben Schiffen, sieben Handvoll Kümmel und sieben Barthaare eines alten Hundes und binde all dies mit weißem(!) Zwirn an den Halsausschnitt des Hemdes!*

Solcherlei Übertreibungen haben zu allen Zeiten ähnlich die Attraktivität und Nachhaltigkeit der mystischen Sieben gesteigert, wie die Sieben umgekehrt allfälligen Spekulationen eine Aura ewiger Wahrheit verlieh. Da auch in unserem 21. Jahrhundert nicht wenige derartige Spekulationen nach wie vor als gleichsam »gesicherte« Wahrheiten gelten – Stichwörter: sieben Weltwunder, Siebengestirn, Siebenhügelstädte –, wollen wir uns im folgenden Kapitel mit einer Reihe von fragwürdigen Beziehungen zur Zahl Sieben beschäftigen.

Koloss statt Knossos?

Zweifelhaftes und Bezweifelnswertes

Welcher Besucher Roms würde wohl beim Blick von einem der berühmten Hügel ausgerechnet an jene blutigen historischen Ereignisse denken, die sich mit dem einen oder anderen dieser Erhebungen verbinden? Etwa dass am Monte Pincio einstmals die 28-jährige mord- und sexlustige Messalina, Nichte und Gattin des römischen Kaisers Claudius, in genau jenen Lucullischen Gärten ermordet wurde, die sie erst kurz zuvor dank einer nicht minder blutigen Intrige ergattert hatte.

Oder dass am rund 75 Meter hohen Vaticano in vorchristlicher Zeit reihenweise Selbstentmannungsorgien der populären Kybele-Attis-Mysterien stattfanden. Oder dass im Jahr 65 am selben Hügel der Apostel Petrus im Circus des Kaisers Caligula den Märtyrertod fand, um anschließend von Anhängern heimlich hinter der Kampfbahn bestattet zu werden.

Nicht minder blutig verlief im Mai 1849 der Ansturm der französischen Papsttruppen gegen den von römischen Freiheitskämpfern unter Giuseppe Garibaldi besetzten Gianicolo.

Drei römische Hügel, drei Geschichten – und ein kleiner Schönheitsfehler: Denn keiner der genannten Hügel zählt zu den berühmten »sieben Hügeln« der Ewigen Stadt. Diese heißen – heute wie vor 2000 Jahren – Palatin, Aventin, Kapitol, Esquilin, Quirinal, Viminal und Caelius und finden sich sämtlich innerhalb jener nur wenige Quadratkilometer großen Gemarkung, die der römische Kaiser Servius Tullius im 6. Jahrhundert vor Christus mittels einer pompösen Mauer umfrieden ließ. Zwar wurde der Gianicolo bereits bei der nächsten großen Stadterweiterung im dritten nachchristlichen Jahrhundert »eingemeindet«, dennoch erwies sich der »Siebenhügel«-Nimbus als derart mächtig, dass seither niemand daran zu kratzen wagte.

Ähnliches gilt für Portugals Metropole Lissabon, eine weitere berühmte »Siebenhügelstadt«. Hier wirkte der Mythos so lange ungetrübt fort, bis der Historiker und Diplomat Damião de Góis in der Mitte des 16. Jahrhunderts genauer nachzählte und links und rechts des Tejo gerade mal fünf Hügel ermittelte. Damiãos Pech war, dass das Weltbild im Großteil Europas zu dieser Zeit vom Katholizismus kon-

---

Schon Jahrhunderte, bevor man in Rom den Septemviratus als Idealbesetzung für Gremien ansah – bevor Gaius Julius Caesar seine ›Comentarii de Bello Gallico‹ in sieben Bücher fasste und bevor die anfangs sakralen Saturnalien zum siebentägigen »Sex, Drugs & Rock 'n' Roll«-Gelage verkamen, hatte die »mystische Sieben« via Athen die römische Geisteswelt erobert. So überraschte etwa der ansonsten stocknüchterne Staatsmann Cato anfangs des zweiten vorchristlichen Jahrhunderts den Senat mit dem Vorschlag, das Stadtgründungsdatum Roms (nach heutiger Zeitrechnung am 21. April 753 vor Christus) um ein Jahr vorzuverlegen, um es mit dem Eröffnungsdatum der siebten Olympischen Spiele in Einklang zu bringen – ein Vorstoß, der allerdings scheiterte. Als nachhaltiger erwies sich dagegen die Einschätzung des Hannibal-Bezwingers Scipio (235–183 vor Christus), die Sieben sei *der Knoten aller Dinge*. Dahinter konnte auch der Naturforscher und Philosoph Seneca (1 vor Christus bis 65 nach Christus) nicht zurückstehen und ließ verlauten, dass *jedes siebte Jahr seinem Zeitalter seinen Stempel aufdrückt*.

trolliert wurde und dass folgerichtig nicht sein konnte, was nicht sein durfte. Damião de Góis landete wegen dieser und anderer »ketzerischer Neigungen« in Haft und Verbannung und starb 72-jährig unter nie geklärten Umständen. Dennoch blieb das Zählergebnis des unglücklichen Historikers unkorrigiert, bis im Jahr 1620 ein gewisser Nicolau de Oliveira für sein ›Livro das Grandezas de Lisboa‹ erneut nachrechnete und die offizielle Hügelzahl auf letztgültige sieben zurückstellte. Dabei wird den Lissabonern, egal ob sie zu Fuß, per Bus, Tram oder im Auto unterwegs sind, ein ums andere Mal recht bewusst, dass ihre Stadt in Wahrheit ein paar Erhebungen mehr aufweist.

Ein vergleichbares Hin und Her blieb der türkisch-osmanischen Siebenhügel-Metropole Konstantinopel – heute Istanbul – erspart. Hier zählte man von Anbeginn an nicht mehr und nicht weniger als sieben Erhebungen, ungeachtet der Tatsache, dass die höchste, der Mount Bülgürlü, genau betrachtet aus zwei Hügeln besteht. Dieser Umstand dürfte die Tourismusmanager der bulgarischen »Siebenhügelstadt« Plovdiv mit Neid erfüllen, wurde hier doch die Hügelzahl durch Einebnung des Markovo Tepe auf sechs abgeschmolzen. Imagewahrend wirken seither »Seven Hills«-Hotels, »Seven-Hills«-Sightseeing-Touren und »Krieger der sieben Hügel«-Videospiele.

Fazit: Geografische oder historische Fakten wiegen nicht viel gegen prestige- und damit meist devisenträchtige Mythen. Warum sollten sich also etwa die Anrainer des rechtsrheinischen Siebengebirges mit der Tatsache belasten, dass ihre 460 Meter hohe Mittelgebirgslandschaft summa summarum fast dreißig Erhebungen umfasst. Oder warum sollte es »La villa de los 7 sietes« (»Die Stadt der 7 Siebenen«), wie sich die spanische Stadt Olmedo in der Provinz Valladolid selber nennt, an die große Glocke hängen, dass man neben einem historischen Reiseführer reichlich

Phantasie benötigt, um besagte sieben Kirchen, sieben Klöster, sieben Quellen, sieben Torbögen, sieben Plätze, sieben Villen und sieben Volksgruppen heute noch zahlengenau zu identifizieren?

Breiten wir also einen freundlichen Schleier über Siebenbrückenstädte, »Siebendörfer«-Agglomerationen, Siebenbu(e)rgen, Siebenbrunns und all jene anderen geografischen Siebenbezüge, überlassen wir Siebenschläfer, Siebenpunkt-Marienkäfer, Siebensterngewächse, Siebenbäume oder Siebengerüche je nachdem der Flora, der Fauna oder dem Volksglauben, zählen wir bei jenen »sieben Sachen«, die man angeblich zum Backen oder wozu auch immer braucht, nicht allzu genau nach, lassen wir die allgegenwärtige Siebenmystik in Religion, Aberglauben oder Esoterik unbefragt, freuen wir uns weiterhin an den Siebenhäufungen in den Märchen, wünschen wir jenen Buch-, Film-, Manga-, Videospiel- oder Musiktiteln, die mit dem absatzfördernden Zahlenattribut um Aufmerksamkeit heischen, den jeweils angestrebten Erfolg und gehen wir stattdessen jenen Siebenbezügen nach, die wir als gleichsam historische Fakten sozusagen mit der Muttermilch aufgenommen haben – allen voran die »Sieben Weltwunder der Antike«. Listet man besagte »Sieben Weltwunder« nach ihren mutmaßlichen Fertigstellungsterminen auf, so scheint an der historischen Authentizität auf den ersten Blick kein Zweifel zu bestehen:

1. Pyramiden/Gizeh (um 2580 vor Christus)
2. »Hängende Gärten«/Babylon (um 810 vor Christus)
3. Zeus-Statue/Athen (um 432 vor Christus)
4. Artemis-Tempel/Ephesos (um 356 vor Christus)
5. Grabmal König Mausolos/Harlikanassos (um 350 vor Christus)
6. Leuchtturm Pharos/Alexandria (um 299 vor Christus)
7. Koloss von Rhodos (um 292 vor Christus)

Die sieben antiken Weltwunder von links nach rechts und von oben nach unten: Pyramiden von Gizeh, die Hängenden Gärten von Babylon, der Artemis-Tempel von Ephesos, die Zeus-Statue von Athen, das Grabmal von König Mausolos in Harlikanassos, der Koloss von Rhodos und der Leuchtturm von Alexandria (Martin Heemskerck, 16. Jh.)

Riskieren wir also einen zweiten Blick und beginnen bei der Arithmetik. Warum etwa zählen die drei Gizeh-Pyramiden (Cheops, Chephren, Mykerinos) gemeinsam ebenso als ein Weltwunder wie der vergleichsweise mickrige Leuchtturm vor Alexandria, auf dessen historische Existenz überdies nicht mehr hindeutet als eine vage zeitgenössische Münzprägung sowie einige bis heute nicht zuordenbare Steinbrocken auf dem Meeresgrund?

Auch nach beweiskräftigen Überresten des »Koloss von Rhodos« suchte man bisher vergeblich. Hier dienen als historische Quellen ausschließlich die Jubelberichte jener altgriechischen Historiker (allen voran Herodot), die sich an anderer Stelle nicht minder schwärmerisch über die

---

Wie schon erwähnt, wirkte der US-amerikanische Schauspieler Brad Pitt in seiner Karriere bereits zwei Mal in Filmen mit, die die Sieben im Titel tragen. Im einen Fall fahndet Pitt als polizeilicher Ermittler nach einem Psychopathen (dargestellt von Oscar-Preisträger Kevin Spacey), der seine Morde an den »sieben Todsünden« ausrichtet. Im zweiten Film schlüpft Pitt in die Rolle des Bergpioniers Heinrich Harrer (unter anderem bekannt durch die Erstdurchsteigung der Eiger-Nordwand). ›Sieben Jahre in Tibet‹ lautet der Titel des Films und des zugrunde liegenden Harrer-Buches. Geschildert werden darin die Umstände, die Harrer während des Zweiten Weltkrieges nach Tibet brachten und zum väterlichen Freund des Dalai-Lama werden ließen. Die Chronologie: Im Spätsommer 1939 werden Harrer und sein Expeditionsteam nach dem fehlgeschlagenen Versuch einer Erstbesteigung des 8125 m hohen Nanga Parbat vom Ausbruch des Kriegs überrascht. Das Team landet in einem britischen Internierungslager. Am 29. April 1944 gelingt Harrer und dem Expeditionsleiter Aufschnaiter die Flucht. Über fünfzig Himalaya-Pässe führt der Weg nach Tibet, am 15. Januar 1946 ist die Hauptstadt Lhasa erreicht. Harrer freundet sich mit dem jugendlichen Dalai-Lama an, wird dessen Lehrer und Mentor. Doch der chinesisch-

»Hängenden Gärten der Semiramis« ergehen, obwohl auch auf die Existenz dieses Weltwunders kein einziger archäologischer Fund hindeutet. Bleiben allenfalls vier einwandfrei belegte Weltwunder – oder sechs, so man die Gizeh-Pyramiden einzeln zählt. Dass die Auswahl besagter »sieben Weltwunder« ohnehin durch höchst subjektive Kriterien beschränkt war, zeigt die Liste jener anderen, nicht weniger wunderbaren Bauwerke, die nicht den Hauch einer Chance hatten, sich in dieser illustren Reihe zu behaupten, darunter etwa die Tempel der Akropolis, das Kuppelwunder des römischen Pantheon, das Kolosseum oder der noch kolossalere Palast von Knossos mit seinen rund 22 000 Quadratmetern überbauter Grundfläche.

---

tibetische Konflikt zwingt Harrer 1950/51 erneut zur Flucht. Sieben Jahre Tibet? Es mögen wohl allenfalls fünf Jahre gewesen sein. Doch wen hätte diese Ungenauigkeit je gestört, gehört doch das Auf- oder Abrunden historischer Zeitspannen zugunsten griffiger »Siebentage«-, »Siebenwochen«- oder »Siebenjahres«-Ereignisse samt mitgeliefertem Heroisierungs-Effekt längst zur Geschichtsschreibung.

Beispiel: Siebenjähriger Krieg: begonnen am 29. August 1756 per Invasion der preußischen Armee in Sachsen, beendet durch den »Frieden von Hubertusburg« am 15. Februar 1763. Dauer: sechs Jahre und fünfeinhalb Monate. Auch die gerne als »Siebenwochenkrieg« bezeichnete Auseinandersetzung zwischen Preußen, Sachsen und Österreich im Jahre 1866 endete in Wahrheit nach nicht einmal fünf Wochen, Ähnliches gilt für den am 23. Januar 1919 begonnenen »Siebentage«-Krieg zwischen Tschechen und Polen, welcher tatsächlich erst am neunten Tag zu Ende ging. Dass umgekehrt der israelische Sechstagekrieg vom 5. bis 10. Juni 1967 im Internet immer öfter auch als »Siebentagekrieg« gehandelt wird, ist indes wohl derselben Magie zuzuschreiben, die auch den »sechsten Sinn« zunehmend zugunsten des (nicht existenten) »siebten Sinnes« negiert.

Dass die Magie der Sieben die Chronisten aller Epochen auch sonst ein ums andere Mal dazu verführte, die historische Wahrheit zu »versiebenbildlichen«, zeigt das Beispiel der »sieben Weisen«. Gemeint sind hier weniger jene babylonischen, indischen, chinesischen, zoroastrischen oder islamischen Pendants, die allesamt dem mystisch-religiösen Kontext zuzuordnen sind und daher hier nicht hinterfragt werden müssen, sondern jene altgriechischen Geistesgrößen, die sich nach und nach um Thales von Milet und Solon von Athen scharten. Jene sieben Weisen trugen am Ende zwar ins-

Heinrich Harrer signiert auf der Frankfurter Buchmesse 1997 sein Buch ›Wiedersehen mit Tibet‹

gesamt 21 Namen, doch mochte dies die Haltbarkeit des Stehbegriffs genauso wenig zu beschädigen wie der Mythos von den »sieben Hauptinseln« der Inselwelt Atlantis, obwohl es bis dato für keine einzige davon ein gesichertes Dokument gibt.

Dass man aller filmischen und belletristischen Wiederaufbereitung zum Trotz auch nicht von »sieben Weltmeeren« sprechen kann, sondern allenfalls von drei Ozeanen und einer Reihe von Mittel- und Nebenmeeren, hat sich zwar herumgesprochen – an der Zähigkeit des Begriffs hat sich indes ebenso wenig geändert wie bei jenen illustren Siebenbezügen, die sich auf der nächsten Doppelseite finden.

Zurück zu profaneren Zahlenübungen: Ob im Internet, in Sachbüchern oder Hochglanz-»Wissens«-Magazinen, kaum ein Autor, der sich in Aufsätzen oder Auflistungen mit der magischen Sieben befasste, versäumte es, auf zwei »tiefenpsychologisch wirksame« Besonderheiten hinzuweisen: Erstens werde die Sieben wie schon erwähnt von den meisten Menschen »unbewusst« als »erste Primzahl« wahrgenommen. Zweitens sei ein regelmäßiges Siebeneck – anders als die meisten anderen Vielecke – nicht mit Hilfe von Zirkel und Lineal konstruierbar!

Die erste »Besonderheit« erscheint als spekulative Behauptung: Wer auch immer sich – bewusst oder unbewusst – mit der Frage »Primzahl, ja oder nein?« befasst, hat deren Reihenfolge 2, 3, 5, 7 gewiss von klein auf in den Genen. Stichhaltiger erscheint da schon die Sache mit dem »Siebeneck«. Wie der Mathematiker Carl Friedrich Gauß (1777–1855) im jugendlichen Alter nachwies, ist ein regelmäßiges Siebeneck tatsächlich nicht mit Zirkel und Lineal hundertprozentig genau konstruierbar. Dafür aber mit 99,8-prozentiger Genauigkeit. Was wohl besagte Tiefenpsychologen zu diesem sinnlich nicht wahrnehmbaren »Unterschied« sagen?

Nur wenigen Wissenschaftlern gelang es, ihre Sieben-Irrtümer zu Lebzeiten selbst zu korrigieren. Einer von ihnen war der US-amerikanische Linguist Charles Francis Hockett (1916–2000). 1959 hatte sich der Professor an der Cornell University im Staate New York durch eine Publikation mit dem Titel ›Animal Languages and Human Language‹ ins Gespräch gebracht, in der er die Unterschiede zwischen der menschlichen und der tierischen Kommunikation an – man staune – sieben Kriterien festmachte. Kaum ein Jahr später revidierte Hockett die offenbar vorcilige Publikation durch eine erneute Veröffentlichung – Titel: ›The Origin of Speech‹. Mit einem Mal waren es dreizehn Kriterien, durch die sich unsere Kommunikation von der der Schimpansen, Delfine, Papageien, Ringelnattern, Ameisen, Flusspferde

---

Der Regenbogen setzt sich nicht aus sieben Farben zusammen, sondern repräsentiert in Wahrheit das gesamte Farbspektrum;

neben dem siebenzackigen Sheriffstern in den USA gibt es auch fünf-, sechs- und achtzackige Sheriffsterne;

die Fünf und die Zwei spielen in der menschlichen Physiologie eine sicht- und fühlbar größere Rolle als die Sieben – Halswirbeln, Gesichtsöffnungen und Fußwurzelknochen zum Trotz;

in der buddhistischen Praxis sind die Drei (»Drei Juwelen«), die Vier (»Vier Edle Wahrheiten«), die Fünf (»Fünf Silas«), die Acht (»Achtfacher Pfad«) und die Zehn (»Zehn Betrachtungen«) bedeutsamer als die Sieben, die man einzig in den Buddha-Legenden antrifft;

unser Kurzzeitgedächtnis funktioniert nicht mittels sieben »Verarbeitungskanälen«, sondern auf ungleich komplexere Weise;

die »sieben-Kontinente«-Theorie scheitert nicht zuletzt an der »Sechs-Platten-Tektonik« unseres Planeten;

jede siebenstufige Tonleiter – egal ob lydisch, phrygisch, äolisch oder mixolydisch – vollendet sich in unserer Wahrnehmung erst mit dem achten Ton;

oder Küchenschaben unterscheidet. Worin auch immer der Wert derartiger Berechnungen liegen mag – der Mut zur Fehlerrevision verdient allemal Erwähnung.

Dass man sich mit der Frage »Was ist Kunst?« offenbar schon immer schwertat, zeigt auch die wechselvolle Kulturgeschichte der »sieben freien Künste«. So verstand man etwa seit der römischen Antike unter den »septem artes liberales« vor allem einen durch die Fächer Grammatik, Rhetorik, Dialektik, Arithmetik, Geometrie, Musik und Astronomie bestimmten Bildungskanon, dessen Gewichte sich bis zum Mittelalter nur teilweise verschoben. Erst in der

---

im Siebengestirn, den Pleiaden, sind mit bloßem Auge allenfalls sechs Sterne zu erkennen – mit dem Teleskop indes deutlich mehr;

der Mond benötigt in Wahrheit nicht 4 x 7 = 28 Tage, um wieder in seine Anfangsphase zurückzukehren, sondern genau 29 Tage, 12 Stunden, 44 Minuten und 2,8 Sekunden – weshalb sich das in diesem Zusammenhang gern als »mystisch« bewertete Faktum, dass sich die Ziffern Eins bis Sieben zur Summe 28 addieren, so gesehen als ganz und gar unmystische Zahlenspielerei entpuppt;

den siebenjährigen Präsidial-Amtszeiten stehen weltweit ungleich mehr fünfjährige Amtszeiten gegenüber;

Ähnliches gilt für die Tatsache, dass siebenköpfige Höchstgerichte und andere siebenköpfige Gremien sich – ungeachtet des altrömischen »Septemviratus«-Imperativs – gegenüber allen sonstigen zahlenmäßigen Zusammensetzungen deutlich in der Minderheit befinden;

die Krankheitssymptome des »Dengue«- oder »Siebentage-Fiebers« klingen günstigenfalls erst nach mehreren Wochen ab;

die meisten siebenteiligen Klassifizierungen seit Carl von Linné – bis hin zur »Baltimore«-Virenklassifikation – haben sich entweder überholt oder sind drauf und dran, moderneren Systemen zu weichen;

das 7-Bit-ASCII-System taugt im Grunde nur für die englische Sprachkodierung.

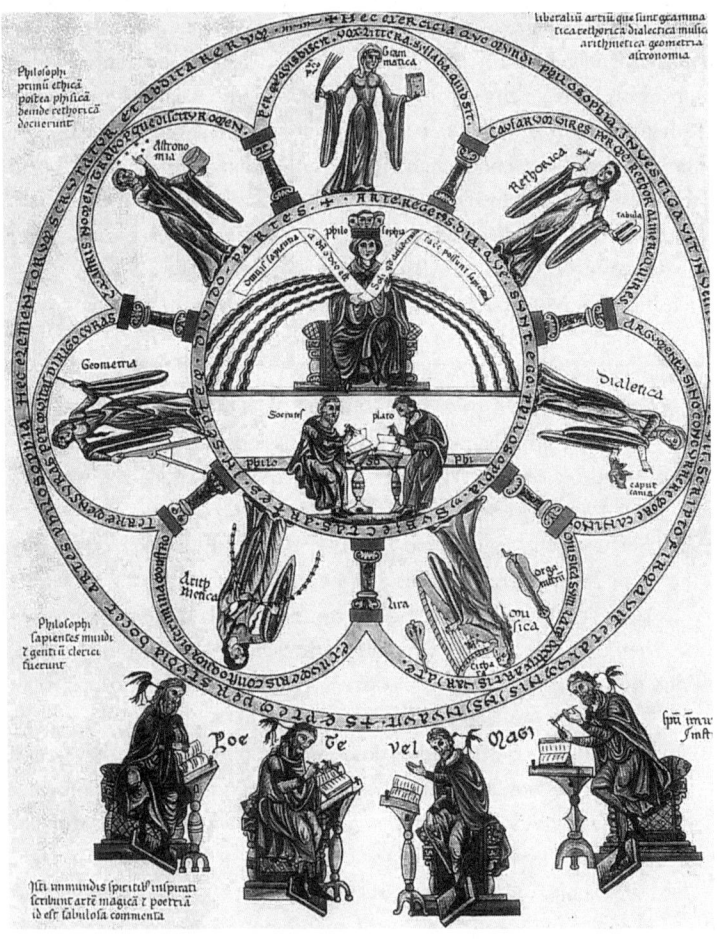

»Septem artes liberales«, aus dem ›Hortus deliciarum‹ der Chorfrau Herrad von Landsberg (um 1180), Universitätsbibliothek Freiburg

»Sieben freie Künste«, in einer anonymen Illustration im ›Tübinger Hausbuch‹. Von links nach rechts: Geometrie, Logik, Arithmetik, Grammatik, Musik, Physik (anstelle der Astronomie), Rhetorik. (15. Jahrhundert)

Neuzeit gewann bei den »Künsten« das Element der freien schöpferischen Gestaltung an Gewicht. Dass es hier und da dennoch nach wie vor akkurat sieben Künste sein sollen, zeigt der französische Begriff »Le septième art« für die Filmkunst – nachdem die übrigen sechs Plätze durch Architektur, Bildhauerei, Malerei, Tanz, Musik und Poesie vergeben waren. Bliebe noch die Belletristik, blieben Comic, Karikatur, Cartoon, Manga und Anime, Floristik, Innenarchitektur, Schauspiel, Mode und Kochkunst, desgleichen Videokunst, Grafik, Installation Art, Fotografie und, und, und …

Die Reihe der Entzauberungen und Entmythologisierungen der Siebenzuordnungen ließe sich an dieser Stelle beliebig fortsetzen, und wer sich selbst auf die Suche machen möchte, der wird gewiss unzählige Male fündig. Man könnte aber auch auf die mystische Sieben jenen Satz des Schweizer Kulturhistorikers Jacob Burckhardt anwenden: *Der größte Vorzug der Mythen gegenüber den Religionen besteht darin, dass man sie nicht glauben muss.*

So spräche denn im Grunde nichts dagegen, unsere Untersuchung an dieser Stelle mit der freundlichen arabischen Lebensweisheit abzuschließen: *Sieben Dinge bekommt man niemals über: freundlich gereichtes Brot, Lammfleisch, kühles Wasser, weiche Kleider, lieblichen Duft, ein bequemes Bett und den Anblick alles Schönen.* Wäre da nicht nach wie vor jene Kernfrage nur unbefriedigend beantwortet, wo denn nun die Ursprünge jener magischen Sieben zu suchen sind, die sich ungeachtet aller Entmythologisierung voraussagbar auch künftig machtvoll behaupten dürfte. Denn so plausibel die »Diffusionstheorie« des Ferdinand Freiherr von Andrian-Werburg von der weltweiten Streuwirkung eines sumerisch-babylonischen »Urknalls« auch sein mag, weist auch diese Theorie Lücken auf, die der Autor vor über hundert Jahren selbst einräumte: *Man wird über die Tatsache nicht hinwegkommen können, dass im größten Teil von Afrika, Amerika, in Melanesien, Neuguinea und Australien die »gute wie die böse Sieben« ursprünglich unbekannt sind.*

Diese Einschätzung wäre – für sich allein betrachtet – nicht allzu bemerkenswert, würde Andrian-Werburg nicht an anderer Stelle Ausnahmen von dieser Regel benennen, allen voran jene Indianerkulturen Nord- und Mittelamerikas, in deren Kult und Mythologie die Sieben seit Menschengedenken eine prominente Rolle spielt. Und welche historische oder geografische Verbindung ließe sich wohl zwischen den Sumerern des vierten vorchristlichen Jahrtausends und jener samoanischen Legende herstellen, nach der der Stammvater der Samoaner einst *mit sieben Gefährten auf einem Boot* dahergekommen sei, oder zu jenem tahitianischen Ursprungsmythos, dem zufolge Taaroa *die sieben Himmel ausbreitete, wodurch das Licht entstand*? Anders gefragt: Haben die Sumerer die mystische Sieben möglicherweise gar nicht »erfunden«? Gibt es da am Ende noch ein weiteres, bislang unbeachtetes Element, welches schon lange vor dem vierten vorchristlichen Jahrtausend wirksam war?

In derselben Nacht
warf die Sau sieben Junge

Die Sieben ist in den Mythen
nicht allgegenwärtig

Als der Maler Paul Gauguin (1848–1903) am 9. Juni 1891 auf der Pazifikinsel Tahiti eintrifft, ist er zutiefst davon überzeugt, hier jene paradiesische Idylle zu finden, die er sich bis zu diesem Zeitpunkt etwa so vorstellte: *Die glücklichen Bewohner eines unbeachteten Paradieses in Ozeanien kennen vom Leben nichts anderes als seine Süße. Für sie heißt Leben Singen und Lieben.*

Es ist der Traum vom sorgen- und vor allem kostenfreien Leben, der den ehemaligen Bankkaufmann umtreibt, seit er nach einem Börsencrash 1882 seinen Job an den Nagel hängte, um sich fortan nur mehr der Malerei zu widmen. Und in der Tat – wo sonst als in dieser polynesischen Inselidylle, tausende Meilen fern jeder bekannten Zivilisation, hätte sich wohl ein solcher Traum noch erfüllen sollen? Seit sich zuletzt auch Deutschland in Afrika, im Pazifik und in Teilen Chinas als Kolonialmacht in Szene setzte, ist die globale Welt der Ureinwohner lückenlos unter den großen Handelsmächten verteilt. So steht auch das polynesische Tahiti seit rund zehn Jahren unter französischer Verwaltung. Dennoch ist Paul Gauguin davon überzeugt, hier noch jener erhofften »Süße« zu begegnen. Er schließt Kontakt mit den Ureinwohnern, mietet für einen geringen Gegenwert eine Hütte, verliebt sich in eine jugendliche Tahitianerin namens Tehura, fügt sich in die indigenen (= eingeborenen) Bräuche und hört, während er seine Geliebte malt, ihren Erzählungen zu. Es sind Mythen, wie man sie hier einander schon lange

Paul Gauguin: Herrliches Land (Te nave nave fenua), 1892, Öl auf Leinwand, 91 x 72 cm, Ohara Museum of Art

vor dem Eintreffen der Europäer erzählte. Der Maler notiert begeistert: *Sie weiß die Namen aller Götter des maorischen Olymps auswendig. Sie lehrt mich, wie sie die Welt erschaffen haben, wie sie herrschen und wie sie geehrt sein wollen.*

Und dann folgt jener maorische Urmythos, den Ferdinand von Andrian-Werburg Jahrzehnte später in seinem Aufsatz ›Die Siebenzahl im Geistesleben der Völker‹ erwähnt und der sich in Paul Gauguins Aufzeichnungen – der mut-

---

›Noa Noa‹ (deutscher Titel: ›Der Duft der Erde‹) lautet der Titel jenes schmalen Bildbandes, in dem Paul Gauguin die Erlebnisse während seines ersten Tahiti-Aufenthalts ebenso poesie- wie kunstvoll mit Erdichtetem sowie Abbildungen seiner in Tahiti entstandenen Gemälde vermengte. Vor allem Letzteres zielte darauf, das Interesse an dem Maler in der Heimat anzuheizen, dessen finanzielle Ressourcen sich auf der Pazifikinsel ungeachtet allen »Singens und Liebens« vollends erschöpft hatten. Tatsächlich kam es schon bald nach Gauguins Rückkehr im August 1893 zu einer Ausstellung jener 66 Ölbilder, deren Exotik sich indes längst nicht jedermann und jedefrau vermittelte. Während Gauguins Freunde und eine Gruppe von Literaten sich für die »kühne« Bildgestaltung begeisterten, reagierten Feuilleton und breite Öffentlichkeit mit Unverständnis. So bedurfte es erst der glücklichen Fügung in Gestalt einer Erbschaft, damit sich Gauguins Finanzen eine Zeitlang stabilisierten. Bereits 1895 steuerte der Maler aufs Neue »seine« Pazifikinsel an. Doch schon bei seiner Ankunft registrierte er, dass die Europäisierung weitere indigene Identität zerstört hatte. Dennoch sollte Gauguin nie mehr nach Frankreich zurückkehren, obwohl die letzten Lebensjahre im »Paradies« von Krankheit, Geldmangel, Gesetzeskonflikten, Morphinismus und buchstäblich fieberhafter Arbeit geprägt waren. Es gehört zur Tragik dieses nur 54 Jahre währenden Lebens, dass Paul Gauguin am 8. Mai 1903 just in jenem Moment starb, da man auf dem alten Kontinent seine kunsthistorische Bedeutung für die Moderne zu begreifen begann.

maßlichen Quelle des österreichischen Völkerkundlers – so liest: *Es schlief Taaroa mit Ohina, der Göttin der Luft. Von ihnen stammen der Regenbogen, der Mondschein, die roten Wolken und der rote Regen. Es schlief Taaroa mit Ohina, der Göttin des Erdbusens. Sie zeugten Tefatou, den Geist, der die Erde belebt und sich durch unterirdische Geräusche zu erkennen gibt. Es schlief Taaroa mit der Frau, genannt Jenseits. Sie zeugten die Götter Teirii und Roüanoüa.*

In einer endlos scheinenden Sequenz weltschöpferischer Liebesakte entstehen hier nach und nach »die Erde«, »der Zorn«, »der Sturm« und »der Frieden«, bis Gauguins tahitianische Scheherazade schließlich zu jener Stelle kommt: *Die Götter teilten sich in Atuas und Oromatuas. Die höheren Atuas sind alle Söhne und Enkel des Taaroa. Sie wohnen in den Himmeln – es gibt deren sieben.*

Voilà! Knapp sechstausend Jahre und einen halben Erdball von den vermuteten mesopotamischen Ursprüngen entfernt, nicht minder fernab jeglichen islamischen Einflusses taucht in den Erzählungen eines tahitianischen Mädchens unversehens das Bild von den »sieben Himmeln« auf – jener altbabylonischen Vorstellung also, die in allen Kulturen, in die sie Eingang fand, stets eine Fülle weiterer allegorischer Siebenbezüge nach sich zog. Man darf also gespannt sein, wie Tehuras Geschichte weitergeht, nachdem darin endlich auch die ersten Menschen den pazifischen Kosmos bevölkern: *Lange irrten sie auf den Inseln umher, ohne ihn zu finden. Endlich jedoch entdeckten sie auf Bora-Bora den jungen Gott, der mit Vairaümati im Schatten eines heiligen Mangobaumes ruhte. Sie waren voll Staunen über die Schönheit des jungen Weibes und wollten ihm als Zeichen ihrer Bewunderung einige Geschenke darbieten. Also verwandelte Orot'fa sich in eine Sau und Ouretefa in rote Federn. In derselben Nacht warf die Sau sieben Junge.*

Schließen wir mit diesem nicht allzu überraschenden Resultat einstweilen Paul Gauguins Bericht und wenden uns zunächst ein paar tausend Seemeilen weiter westwärts, wo die neuseeländischen Anverwandten der tahitianischen Maoris einander bis heute eine vergleichbare Weltentstehungsgeschichte erzählen. Hier heißen die Ureltern nicht Taaroa und Ohina, sondern Rangi (= Vater Himmel) und Papa (= Mutter Erde).

Auch in Neuseeland entstehen aus der innigen Umarmung der Ureltern eine Reihe von Kindern – allesamt Söhne, die es in der schwülen Enge dieses Urzustandes verständlicherweise nicht aushalten und deswegen alles daransetzen, die Ureltern Erde und Himmel auf auskömmliche Distanz zu bringen. Die restliche Schöpfung spielt sich zwischen Gottheiten, Halbgöttern und Menschen ähnlich dramatisch ab wie in Polynesien. Allein die Sieben taucht im neuseeländischen Ursprungsmythos nirgends auf. Wie Zahlen hier auch sonst nicht die mindeste Rolle spielen.

Dabei ist die maorische Vorstellung von einem Urzeugungsakt anthropomorpher Ureltern nur eine von vielen pazifischen Ursprungsmythen. In der ein paar tausend Seemeilen nordwärts von Tahiti gelegenen mikronesischen Inselwelt etwa glauben die Ureinwohner an die lebensstiftende Existenz einer gigantischen Urspinne namens Areob Eñab: *Einsam schwamm sie im endlosen Ozean des Weltraums, bis sie auf eine riesige Muschel traf. Areob Eñab öffnete die Muschel und kroch hinein, um das Innere zu erkunden. Da stieß sie auf eine riesige Schnecke und kurz darauf auf eine zweite, noch größere Schnecke. Da es nun eng in der Muschel wurde, bat Areob Eñab die Schnecken, gemeinsam mit ihr die obere Schale der Muschel anzuheben. Kaum war dies ein Stück weit gelungen, verwandelte sich die kleinere Schnecke in den Mond. Im fahlen Licht sah Areob Eñab nun auch einen riesigen Wurm. Ihn forderte Areob Eñab auf, das Dach noch weiter anzuheben: Und siehe da: Der Wurm hob das Dach so weit empor, dass daraus der Himmel wurde.*

Der Rest ist rasch erzählt: Der salzige Schweiß, den der Wurm bei seiner gewaltigen Anstrengung vergießt, wird zum Meer und breitet sich auf der unteren Muschelhälfte aus, die so zur Erde wird. Am Ende steigt auch die größere Schnecke zum Himmel auf und verwandelt sich dort in die Sonne.

Auch in den Weltentstehungsmythen der australischen Aborigines spielen tierische Vorfahren eine Hauptrolle: *In ferner Zeit, als die Erde im Schlaf lag und die Tiere unter der Erdkruste ruhten, erwachte eines Tages die Regenbogenschlange und kroch an die Erdoberfläche. Dort sah sie nur trockenes Land. Sie rief die Frösche, und als diese hervorkamen, kitzelte die Regenbogenschlange ihre Bäuche, die voll Wasser waren. Die Frösche lachten, und das Wasser aus ihren Bäuchen breitete sich in den Spuren der Regenbogenschlange über das ganze Land aus. Seen und Flüsse entstanden, und nach und nach erwachten nun auch alle anderen Tiere.*

Und wieder: kein Zischen, kein Brodeln, kein Urknall! Auch von einem Schöpfergott ist nur selten die Rede. Wie diese Beispiele zeigen, gehen archaische Weltentstehungsmythen in aller Regel von etwas Vorhandenem aus: einem (oder zwei) Urwesen, einem Urozean, der Erde oder Fruchtbarkeitssymbolen wie dem Ei oder der Muschel. In der Regel folgt dem ersten Erwachen die Trennung von Himmel und Erde, von Wasser und Land, folgt die Entstehung der Sonne, des Mondes und schließlich allen Lebens auf der Erde.

Zugrunde liegt den jeweiligen Mythen das unmittelbare Erleben der Umwelt. Dies gilt für die mikronesischen Nauru, wo man folgerichtig von einem Entstehen allen Seins in ozeanischen Tiefen ausgeht, ebenso wie für die nordamerikanischen Navájos, wo man etwa zum Schutz gegen die erbarmungslose Wüstensonne Arizonas in erdnahen Behausungen lebte und wo man sich – ähnlich den Aborigines und den voraztekischen Urvölkern Mexikos – die Ursprünge allen Lebens als ein schrittweises Auftauchen aus kühlen Unterwelten vorstellte.

Aus den Knochen und Sedimenten, die man in der Erde oder im Meeresboden fand, schloss man zu Recht auf die

Riesenhaftigkeit vormenschlicher Erdbewohner. Welch himmelhohe Ausmaße mussten da erst jene mythischen Urwesen gehabt haben, die ein so gewaltiges Werk wie die Weltschöpfung zustande brachten.

Was allerdings in diesen archaischen Weltentstehungsmythen überhaupt nicht vorkommt, sind Zahlen. So mischt sich denn auch bei Paul Gauguin zum anfänglichen Entzücken zunehmend wohlwollende Skepsis: *Es ist ein rührendes Schauspiel für mich, wenn die alten Gottheiten allmählich in Tehuras Erinnerung erwachen und die künstlichen Schleier abwerfen, in die protestantische Missionare sie glaubten einhüllen zu müssen.*

In der Tat wird die Spurensuche nach den Ursprüngen und Wanderbewegungen der mystischen Sieben durch ebenjene Vermischung archaischer Mythen mit den Religionsmythen der jeweils eindringenden Kulturen erschwert. Wie wollte man etwa zweifelsfrei feststellen, ob der folgende Ursprungsmythos der westafrikanischen Dogon gänzlich frei von importierten Elementen ist: *Zuerst war Amma. Dieser schuf ein Ei. In dem Ei waren Feuer, Luft, Erde und Wasser.*

Inwieweit archaische Ursprungsmythen teils in den Weltreligionen wirksam sind, mögen drei Beispiele zeigen. So hat sich etwa die asiatisch-archaische Vorstellung von einem Welt-Ei sowohl im Hinduismus als auch im Daoismus erhalten. Bei ersterer Religion schlüpfte aus besagtem Ei Brahma – neben Vishnu und Shiva einer der Hauptgötter des Hinduismus, nach daoistischen Vorstellungen indessen teilte sich das im Welt-Ei waltende Chaos in die Grundprinzipien Yin und Yang. Auch die biblische Schöpfungsgeschichte folgt – wollte man etwa den Zentralbegriff »Gott« daraus entfernen – zunächst detailgenau dem Ablauf archaischer Kosmogonien: *Und Gott machte die Wölbung und schied die Wasser unterhalb der Wölbung von den Wassern, die oberhalb der Wölbung waren. (...) Und Gott nannte die Wölbung Himmel.* (Genesis 1.7 f)

So weit, so »typisch« archaisch. Doch dann geht es so weiter: *Weiter schuf Amma aus sich 266 kosmische Zeichen. Diese legte er zusammen mit Pflanzensamen auf eine Scheibe und ließ diese drehen. Dadurch wurde das Wasser hinausgetrieben und die Samen vertrockneten.* Wie anders als durch einen erneuten Versuch – angereichert durch entsprechend wirksamen Zauber – hätte Amma die misslungene Schöpfung wohl retten können? *Diesmal legte er die Samen in das Zentrum des kosmischen Eis. Da hinein sprach er sieben Worte in der heiligen Sprache (Nyama). Die Samen erzitterten sieben Mal und dehnten sich in sieben Richtungen, und plötzlich hob sich in der Mitte eine menschliche Gestalt ab. Die siebente Richtung durchbrach die Schale und wurde unsere Welt. Weitere sieben Segmente oder Sphären bilden den Himmel.*

Erst der Mensch, dann die Erde, Tiere und Pflanzen – schließlich der Himmel? Und über allem die Sieben? Warum nicht, so könnte man in Anbetracht der bei den Dogon erstaunlich hochentwickelten Astronomie fragen, wo man doch auch südlich des Äquators dieselben sieben »wandelnden« Himmelskörper beobachten kann wie in Europa oder in Kleinasien und wo der Mond im selben (scheinbaren) Siebentage-Rhythmus seine Gestalt signifikant ändert. Warum also sollte sich nicht auch hier irgendwann eine vergleichbare Siebenmystik gebildet haben wie weiland in Mesopotamien? Und dennoch legt der (wenngleich minderheitliche) christliche und islamische Anteil an der Dogon-Bevölkerung eher die Vermutung einer synkretistischen Vermischung unterschiedlicher Mythen nahe. Ähnlich scheint es sich bei den benachbarten Fon zu verhalten, deren Ursprungsmythos nur auf den ersten Blick dem der australischen Aborigines ähnelt: *Am Anfang der Welt war nur die Schlange erschaffen. Als sie nur stehendes Wasser vorfand, zog sie zuerst Bahnen für die Flüsse.* Bevor sich auch hier – in aller Anmut – ein uns wohlbekanntes biblisches Element hinzugesellt: *Dann trug sie den Schöpfer im Maul überallhin. Als der Schöpfer mit der Erschaffung der Erde fertig war, bemerkte er, dass es für die Erde zu viele Berge, Bäume und große Tiere gab.*

Auch in den Ursprungsmythos der kongolesischen Ohendo mischen sich nach dem archaischen Einstieg alttestamentarische Erzählelemente: *Die Urmenschen lebten im hell erleuchteten Innern der Erde als noch vollkommene Wesen. Eines Tages begannen sie, nach der Herkunft des Lichts zu suchen, bis sie endlich drei Gänge fanden. Als die ersten Menschen an der Oberfläche erschienen waren, kam mit ihnen Unordnung über die Erde, es setzte ein neun Tage und Nächte dauernder Regen ein und eine gewaltige Sintflut überschwemmte alles Land.*

Ein illustres Beispiel dafür, wie sich archaische Mythen durch beharrliche Missionsarbeit wandeln können, liefert der bereits erwähnte Ursprungsmythos der Inkas. Getreu der verbreiteten indigenen Vorstellung von einer »Allbeseelung« des Kosmos entwickeln hier sogar die Berggipfel ein sinnliches Eigenleben: *In ferner Zeit umhüllten undurchsichtige Dämpfe die Erde. Da erschien die Sonne, fuhr zur Erde hinab und verjagte alle Nebelschwaden. Plötzlich erstrahlte der Gipfel des Ikkimani in seiner ganzen Pracht. Auch Mururata erwachte zum Leben. Erstmals sah er nun Huayna Potosí, die Königin der Anden, in ihrer ganzen Schönheit und verliebte sich auf der Stelle in sie.*

Liebe und Eifersucht lassen die »männlichen« Andengipfel in diesem heißen Ursprungsdrama übereinander herfallen: ein blutiger Kampf, bei dem Rauch und Feuer entstehen – und später, als aus Trauer und Scham Tränen fließen, Flüsse, Seen und alles weitere Leben.

Wenige hundert Jahre später liest sich derselbe Ursprungsmythos bei den peruanischen Quetchúa, einer Nachfolge-Kultur der Inkas, wie folgt: *In der Stunde der Bestrafung, als die Flüsse zu steigen begannen, ließ unser Vater drei Berge anwachsen. Auf den Sumaco retteten sich Tapir, Condor und Puma. Auf den Chota flüchteten der Hirsch und die Schutzengel, auf den Cola Urcu schließlich retteten sich die Menschen.*

Den Rest kann man in der Genesis des Alten Testaments nachlesen. Dennoch ist besonders bei den süd- und mittelamerikanischen Mythen aus vorkolonialer Zeit Vorsicht angesagt. Waren es doch in der Regel die Zerstörer dieser Kulturen – respektive deren missionarische Nachfolger –, denen wir die Aufzeichnung der jeweils vorgefundenen – heißt: mündlich erzählten – Mythen verdanken. Wer vermag etwa nach rund 500 Jahren noch zu sagen, ob jene Geschichten, wie sie der Frater Ramon Pané im Auftrag seines Admirals Christoph Kolumbus niederschrieb und die er selber als »Teufelswerk« bezeichnete, hundertprozentig das wiedergaben, was ihm die Ureinwohner erzählten: *Nach dem Glauben der Taino hielten sich die Menschen ursprünglich in Höhlen auf, die von einem Wesen namens Mácocael bewacht wurden. Eines Tages schlief Mácocael ein und wurde zur Strafe von der Sonne versengt. So kamen die Menschen an die Oberfläche und alles Leben begann.*

Zwar entspricht das Bild eines »Auftauchens« der Urmenschen aus der Erde einer vor allem in wüstennahen Regionen verbreiteten archaischen Vorstellung, dennoch scheint zumindest bei jenem aztekischen Ursprungsmythos Skepsis angezeigt, dem zufolge die Menschen ursprünglich aus akkurat »sieben Höhlen« kamen. Denn auch diese Geschichte kennen wir nicht etwa aus Originalinschriften, sondern lediglich aus den Aufzeichnungen jener Missionare, deren Landsleute kurz zuvor selbiges Aztekenreich in Schutt und Asche gelegt hatten.

Nicht von ungefähr hat uns unsere bisherige Erkundungsreise nach möglichen anderen als den sumerisch-babylonischen Ursprüngen der mystischen Sieben zunächst um die Südhälfte des Globus herumgeführt. Galt es doch, der These des Ethnologen Ferdinand von Andrian-Werburg nachzuspüren, dass *im größten Teil von Afrika, Amerika, in Melanesien, Neuguinea und Australien die »gute wie die böse Sieben« ursprünglich unbekannt sind.*

Das Ergebnis scheint indes noch eindeutiger: Würde man bei Sichtung des archaischen Mythenschatzes der südlichen Erdhalbkugel jene Mythen ausklammern, die den Verdacht des Synkretismus – sprich: des mythisch-religiösen Einflusses asiatisch-europäischer Hochkulturen – nahelegen, so würde man am Ende feststellen, dass in den Kulturen südlich des Äquators die Sieben lediglich eine Zahl wie jede andere ist.

So scheint sich immer mehr jene »Diffusionstheorie« zu bestätigen, der zufolge sich die Mystik der Sieben von Mesopotamien aus in alle Kulturen und Religionen verbreitet und dort auf gleichsam magische Weise multipliziert habe. Und doch sollte man sich vor einem derartigen Resümee hüten, solange jene Einschränkung im Raum steht, die von Andrian-Werburg im Jahr 1901 selber so formulier-

Pueblo der Hopi, Fotografie aus dem Jahr 1897

te: *Unaufgeklärt bleibt vorläufig das Auftreten der Sieben in einem relativ kleinen Völkerkreis von Nord- und Mittelamerika.*

Gemeint ist unter anderem jene »Sieben-Höhlen«-Geschichte, die sich nicht nur in den Aufzeichnungen der spanischen Conquistadores und ihrer Padres wiederfindet, sondern die nach wie vor in der mystischen Tradition der mexikanischen Nahúa-Indianer fortlebt, die mit den Azteken nach derzeitigem Erkenntnisstand keine gemeinsamen Wurzeln haben.

Und tatsächlich: Begibt man sich von Mexiko aus weiter nach Norden in Richtung des Grand Canyon, so stößt man im Stammesgebiet der Zuñi-Indianer auf annähernd dieselbe Ursprungsgeschichte wie bei Nahúas und Azteken. Mehr noch: Anders als bei den südlichen Nachbarn prägte die Sieben hier in vorkolonialer Zeit offenbar auch die Lebenswirklichkeit. So fanden die spanischen Eroberer im Jahr 1582 das rund 3000-köpfige Volk der Zuñi auf sieben Städte (später »Pueblos«) verteilt vor. Dieser Siebenteilung wäre möglicherweise zu misstrauen, fände sich nicht ein ähnliches Motiv in den Überlieferungen der nördlich Floridas angesiedelten Creek.

Dass es sich in der Tat hier wie dort kaum um zufällige Siebenbezüge handelt, zeigt das Beispiel der am Südrand Kanadas beheimateten Sioux. Hier waren es nicht spanische, sondern französische Kolonialisten, die beim ersten Zusammentreffen auf eine Allianz von sieben Stämmen stießen, die sich in der Stammessprache der Sioux »Oceti Sakowin« nannten – übersetzt etwa: »Die sieben Ratsfeuer«. Doch damit nicht genug: Ebenfalls im 16. Jahrhundert hatte der zu dieser Zeit wohl mächtigste Indianerstamm Nordamerikas, die im Südwesten der USA beheimateten Cherokee, ersten leidvollen Kontakt mit europäischen Siedlern. Nicht nur berichtet deren Ursprungsmythos von »Urmüttern«, die in der Lage waren, alle sieben Tage Kinder zu gebären – auch in den Kultritualen der Cherokee findet sich eine Reihe siebenbezogener Elemente: Dies fängt an bei der Aufforderung des »Großen Geistes« an Tiere und Pflanzen, sieben Tage und sieben Nächte wach zu bleiben, geht über die »sieben Himmel« und reicht bis zu den »sieben heiligen Zeremonien«, an deren Spitze – ähnlich wie bei anderen Indianervölkern – die »Pfeifenzeremonie« steht.

Und noch ein Element voller Siebenbezüge findet man bei nordamerikanischen Stämmen wieder: Gemeint sind »Sternenmythen«, Erzählungen also, in denen die Sterne – getreu dem auch hier vorherrschenden Glauben an eine Allbeseelung des Kosmos – ein gleichsam mystisches Eigenleben führen: *Nachdem die Erde vom Himmel getrennt war*, heißt es etwa in einem Ursprungsmythos der im Wüstengebiet Arizonas beheimateten Navajos, *hatte der Große Geist noch eine Gruppe*

Neben den heiligen Zeremonien und Gegenständen, denen man in fast allen nordamerikanischen Urkulturen begegnet – Stichwort »Kachina-«, sprich: Ahnenkult, Schwitzhüttenzeremonie, Sonnentanz, Masken, Gebetsstöcke, Trommeln, Rasseln, Federn, Medizin-Bündel, sakrale Bodenbilder und Erweckungstänze –, kommt der »Pfeifenzeremonie« zentrale Bedeutung zu. Von einigen Stämmen gar als »die erste Pflanze« bezeichnet, galt der Tabak den Indianern weder als Genussmittel noch gar als Handelsobjekt, sondern diente als »heilige Gabe« des »Großen Geistes« vorzugsweise zur rituellen Kontaktaufnahme mit der Welt der Ahnen und Geister. Die Pfeifen waren je nachdem aus Knochen, Ton, Holz, Metall oder Stein gearbeitet. Ist der Tabak entzündet, so lässt sich der Rauchende durch das tiefe Einatmen zunächst von der »jenseitigen Welt« vereinnahmen. Durch das schrittweise Ausatmen des Rauchs in die vier Himmelsrichtungen, nach oben, nach unten und »ins Zentrum« – mithin also insgesamt in sieben Richtungen – wird der Rauchende Teil dieser Welt, bevor er durch das erneute Einatmen des Rauchs heil und gestärkt zu sich zurückkehrt.

von sieben feurigen Sternen an seinem Fußgelenk haften. Der Große Geist stampfte ein paarmal mit dem Fuß auf, und jedes Mal hüpften die Feuersterne dabei eine Stufe höher: zuerst bis zu den Knien des Großen Geistes, dann zur Hüfte, den Schultern. Schließlich hob es sie auf die Stirn des Großen Geistes, wo sie von nun an blieben.

Die Rede ist von jener Sternengruppe, die wir unter dem Namen »Siebengestirn« kennen. Und noch ein anderes, uns wohlbekanntes Sternbild erfährt bei den Navajos mythische Würdigung: *In ferner Zeit lebte ein Mädchen, das hatte sieben Brüder. Eines Tages verliebte sich das Mädchen in einen Bären. Als der Vater des Mädchens davon erfuhr, zögerte er nicht lange und tötete den Bären. Darüber war das Mädchen so verbittert, dass es sich nichts sehnlicher wünschte, als sich auf der Stelle selber in einen Bären zu verwandeln, um den Tod des Geliebten an den eigenen Brüdern rächen zu können. Sogleich erfüllte sich der Wunsch. Als die Brüder die tödliche Gefahr auf sich zukommen sahen, flohen sie gen Himmel, wo sie seitdem das Sternbild des Großen Bären bilden.*

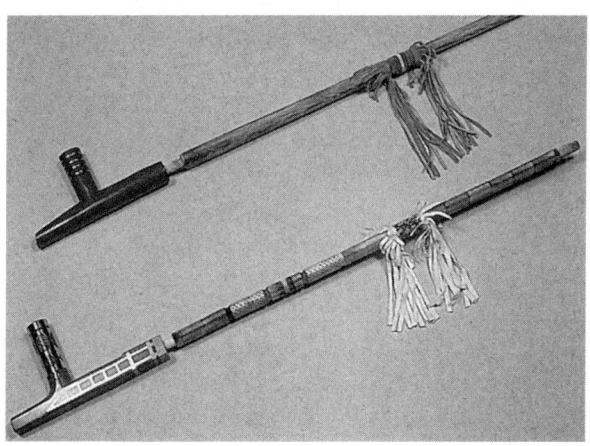

Friedenspfeifen der nordamerikanischen Indianer

Wie auch immer man derartige Mythen aus heutiger Sicht beurteilen mag: Fakt ist, dass sich die Sieben in vorkolonialer Zeit in teilweise tausende Kilometer auseinanderliegenden nordamerikanischen Indianerkulturen etablierte – mit teils gemeinsamen und teils unterschiedlichen Ausprägungen.

Dieses Phänomen lässt sich kaum mit der mehrfach erwähnten »Diffusionstheorie« erklären, gab es doch seit dem ersten Aufblühen der mystischen Sieben im mesopotamischen Sumer keine signifikanten Wanderbewegungen zwischen dem asiatischen und nordamerikanischen Festland mehr. Waren Asien und Nordamerika bis vor fast 10 000

Am 4. Juli 1999 fand man in einer unterirdischen Steinkammer in Sachsen-Anhalt eine knapp fünf Millimeter dicke, kreisrunde Bronzeplatte von etwa 32 Zentimeter Durchmesser. Das Auffällige an der grün getönten Scheibe sind knapp vierzig Goldblech-Applikationen, die sich dem Betrachter unmittelbar als schematische Darstellung des Himmels offenbaren. Auf den ersten Blick erkennbar: die Sonne (alternativ: der Vollmond), die Sichel des (vermutlich aufgehenden) Mondes sowie eine Gruppe von sieben Sternen. Nach übereinstimmenden Berechnungen datiert die Herstellung dieser nach der nächst dem Fundort gelegenen Kleinstadt Nebra benannten »Himmelsscheibe« um das Jahr 1600 vor Christus. Sie wurde vermutlich zur kultischen Ermittlung von Jahreszyklen verwendet in einer Zeit, als in der von der sogenannten »Tumulus«-Kultur geprägten Region von babylonischen, hellenistischen oder gar römischen Einflüssen noch keine Rede sein konnte. Dass siebenzählige Sternbilder auf der nördlichen Erdhalbkugel offenbar auch andernorts Kult und Mythen beeinflussten, zeigt jene Passage in einem estnischen Weltentstehungsmythos aus dem ersten vorchristlichen Jahrtausend, in dem unmittelbar nach dem Bau des »Ur-Nestes« durch die »Luftgöttin« Ilmatai sieben Eier aus dem Nest fielen, aus denen gleichsam im Fluge Himmel, Erde und Gestirne entstanden.

Jahren noch durch eine Eisbrücke verbunden, so schob sich mit dem Ende der letzten Eiszeit ein zunehmend unüberwindlich scheinender ozeanischer Wasserriegel, die Beringstraße, zwischen beide Kontinente.

Da zudem nicht anzunehmen ist, dass die magisch-mythisch-mystische Sieben rein zufällig zugleich in sehr unterschiedlichen Indianerkulturen Nordamerikas auftauchte, in Südamerika, Afrika, Australien und Ozeanien dagegen so gut wie gar nicht, liegen zwei Schlussfolgerungen nahe:

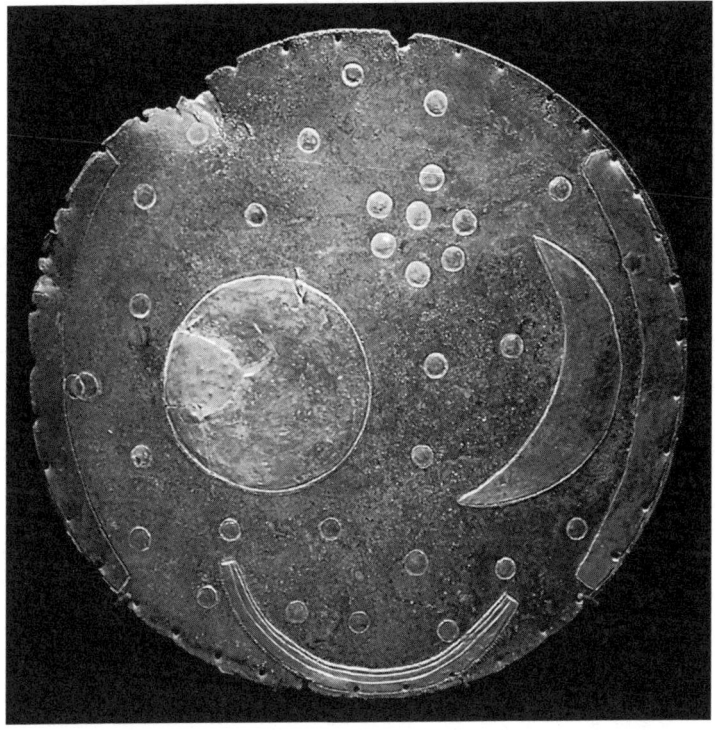

Die Himmelsscheibe von Nebra

Erstens, die in Nordamerika anzutreffende »Siebenmystik« wurzelt in Ursprüngen, die *vor* der letzten späteiszeitlichen Wanderbewegung (um das Jahr 9000 vor Christus) datieren. Zweitens, die der asiatischen »Siebenmystik« ursprünglich zugrunde liegenden Voraussetzungen müssen auch in Nordamerika erfüllt gewesen sein – andernfalls hätte die Siebenmystik auch in Südamerika Platz greifen müssen, wohin sich ein Teil der eiszeitlichen Wanderbewegung ausgedehnt hatte.

Sollte das dazu noch fehlende Glied in der Beweiskette gefunden sein, wäre bewiesen, dass die mystische Sieben mitnichten im Mesopotamien des vierten vorchristlichen Jahrtausends »erfunden« worden sein kann, sondern dass

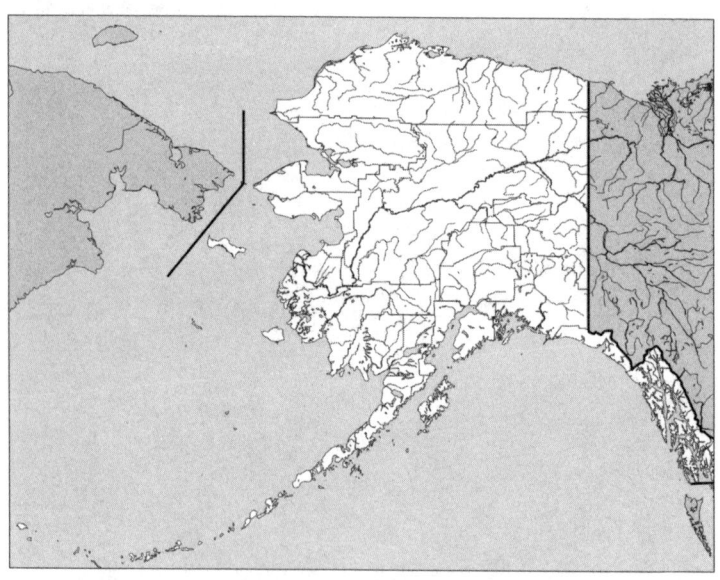

Die Beringstraße zwischen links Russland und rechts Alaska hat heute an der engsten Stelle eine Breite von 85 Kilometern

auch die siebengeschossigen sumerisch-babylonischen Zikkurats in einer tausende Jahre älteren Vorstellung wurzeln, die sich aus bestimmten, nur in Teilen der Erde anzutreffenden Voraussetzungen nährt.

Hinaus zu den Sternen

Schamanen und Nagelstern

Nicht von ungefähr zählt wohl »die Mitte« zu den meistbenutzten Metaphern im politischen Wahlkampf. Wer seine Wählerklientel nicht an einem der Ränder des politischen Spektrums verortet, der ordnet sich und sein politisches Programm gern der Mitte zu, egal ob man sich ansonsten beispielsweise als liberal, als sozialdemokratisch, als ökologisch oder als christlich versteht.

Ein Grund hierfür mag sein, dass die Mitte sich implizit mit Vorstellungen verbindet wie »der Kern der Dinge«, »das Wesentliche«, »immergültige Werte«, »das Ganze«, »der gemeinsame Nenner« oder »das, worauf es ankommt«. Möglich ist aber auch, dass Spindoktoren und Wahlkampfpsychologen einen noch tiefergehenden Wirkmechanismus im Kopf haben. Die Rede ist von jenem religiösen Begriff des »Zentrums«, wie er sich etwa im »Reich der Mitte« in Gestalt der »fünften Himmelsrichtung« manifestiert und wie wir ihm am Ende des vorigen Kapitels bei der indianischen Pfeifenzeremonie begegnet sind. Wenn sich dort das siebte und letzte Ausatmen des Tabakrauches auf das Zentrum richtet, so ist damit – grob gesprochen – nichts anderes gemeint als jener symbolische Ort, an dem sich die Verbindung mit den heiligen Kräften des Kosmos rituell manifestiert.

In der Tat gab und gibt es wohl keine Religion und keinen kultisch-religiösen Ritus, der ohne ein solches Zentrum auskäme – sei es in Gestalt eines Tempels, einer Pyramide, eines

Schamanen und Nagelstern

Schamane aus Amazonien

Kultplatzes, einer Kirche, Synagoge, Moschee oder – im engsten Sinne – als Opferstätte, Altar oder eine andere Form des Heiligsten. Auch die meditative Versenkung (Meditatio = Ausrichtung zur Mitte), wie sie der Buddhismus kennt, der Hinduismus oder der Daoismus, zielt im Herzen auf nichts anderes als die unmittelbare Verbindung des Individuums mit den heiligen Kräften des Kosmos.

Dass es sich bei der Idee des Zentrums offenbar um archaisches Erbe handelt, zeigt ein Blick auf jene spirituellen Praktiken, die – historisch betrachtet – den Religionen um einige Jahrtausende voraus sind: Praktiken, wie sie im Schamanismus zu finden sind. Zwar sind dessen Ausprägungen global gesehen teils recht unterschiedlich, dennoch gibt es signifikante Gemeinsamkeiten, die den Schamanismus von jeder anderen spirituellen Praxis unterscheidet – von Heilern, Hellsehern und Zauberern ebenso wie von jeglicher Ausprägung des Priestertums.

Erstens: die Fähigkeit zur Ekstase. Mögen Schamaninnen und Schamanen hier und dort auch als Priester(innen) fun-

Zeichnung auf einer Schamanentrommel

gieren, als Heiler, Magier oder Wetterzauberer, so ist doch die Fähigkeit, sich durch stundenlanges monotones Trommeln, durch Gesänge, Dehydrierung oder Pflanzengifte in

Der Weltenbaum Yggdrasill, Holzstich

einen entkörperlichten, also ekstatischen Zustand zu versetzen, ein schamanisches Privileg.

Zweitens: die Seelenreise. Aller schamanischen Praxis liegt die Vorstellung zugrunde, dass Krankheit, Tod und sonstige Übel der Einwirkung mehr oder weniger böser Geister zuzuschreiben sind. Diese Geister sind je nachdem entweder in der Unterwelt angesiedelt und spuken in der Welt der Lebenden oder sie treiben sich nach Gutdünken – oft mit einer entführten Krankenseele im Schlepp – in einer der zahlreichen Himmelssphären herum. Wie anders als im körperlosen – gleichsam seelenreinen – Zustand könnte der Schamane wohl mit jenen Geistwesen kommunizieren, ihnen die entführte Seele abschwatzen und diese wieder mit dem Körper des Erkrankten vereinigen?

Drittens: die Initiation. Das »heilige« Wissen, das den Schamanen zur Kommunikation mit den Geistern befähigt, zu Zauber, Krankenheilungen und Wetterprophetie, kann der Schamane nur auf eine einzige Art erwerben: durch die schamanische Initiation. Erst wenn der angehende Schamane gelernt hat, sich mittels dehydrierender Schwitzbäder, durch Fasten, Trommeln, Tanz, Gesang sowie teils toxische Ingredienzen in Ekstase zu versetzen, erst wenn er seelische Folter und Schmerz zu ertragen gelernt hat, erst wenn er während besagter Initiation die spirituelle Erfahrung von Selbstzerstückelung und Wiederzusammenfügung gemacht hat, erst wenn er unempfindlich gegen äußerste Glut geworden ist, wenn er sämtliche Himmels- und Unterweltpfade kennt, ist er in der Lage, eine Krankenseele bis zum tiefsten Grund des Meeres oder dem entlegensten Ort des Himmels zu verfolgen und wieder heimzuholen. Nur dann kann der Schamane die Seele eines Verstorbenen sicher an ihr Ziel begleiten, nur dann schließen sich ihm jene freundlichen Hilfsgeister an, die er braucht, um sich gegen Dämonen zu behaupten, um Informationen über verschwundene Gegenstände, über das kommende Wetter oder andere zukünftige Ereignisse zu erlangen. Und erst dann darf sich der Schamane durch ein eigenes rituelles Gewand von der übrigen Gemeinschaft abheben.

Schließlich viertens: das Zentrum. Mögen bisher allenfalls schwache Anklänge an geläufige religiöse Rituale erkennbar gewesen sein, so wirkt die schamanische Vorstellung des Zentrums massiv in alle evolutionären Religionen hinein. Lange bevor in den Hochkulturen Mesopotamiens, des Nildeltas oder des Industals von kosmischen Bergen die Rede sein konnte, lange bevor die ersten Pyramiden, Zikkurats oder Tempel himmelwärts wuchsen, herrschte im Schamanismus die Vorstellung eines Weltenbaums, einer Weltsäule oder einer kosmischen Säule vor – kosmologische Begriffe, denen in der schamanischen Praxis meist ein Erdhügel, ein Pfahl, eine Birke, eine Leiter oder der Mittelpfahl des Schamanenzelts entsprechen.

Hier – und nur hier – wird geopfert und gebetet, nur hier öffnet sich der Weg zum »Göttlichen«. Von hier aus tritt der Schamane seine »himmelwärts« führende Seelenreise an – meist begleitet von Wegbeschreibungen und freundlichen Hilfsgeistern. Als spirituelle »Aufstiegshilfe« können dem Schamanen »Leichtigkeit« suggerierende Federn dienen, Rauch, Lianen oder Bäume. Manchmal – wie etwa bei den brasilianischen Taulipang – reicht dem Schamanen ein heißer Lianen-Aufguss, um anschließend spirituell in Richtung Mond abzuheben.

Vergleicht man die schamanischen Vorstellungen auf der südlichen mit jenen auf der nördlichen Erdhalbkugel, überwiegen auf den ersten Blick die Gemeinsamkeiten: So herrscht beispielsweise sowohl nördlich wie südlich des Äquators die Vorstellung eines »Himmelszeltes« vor. So wähnen beide Hemisphären die Milchstraße als Himmelsnaht, in beiden gelten die Sterne als jene »Fenster zur Welt«, durch die die Geister und Götter bei Bedarf in Meteoritengestalt zur Erde hinabfahren. Auch begegnet man beiderseits des Äquators der Vorstellung, dass das Himmelszelt an den äußeren Rändern der Erde aufliegt und dass durch Verschiebungen an den Auflagern Winde und Stürme in den Kosmos der Erdbewohner eindringen.

Keiner schamanischen Praxis der südlichen Erdhemisphäre liegt allerdings jene besondere Vorstellung zugrunde, wie sie den meisten Schamanen der nördlichen Erdhemisphäre vertraut ist – egal ob sie am Fuße des Ural, im Altaigebirge, in der Mongolei, in Lappland, Finnland, Kirgistan, Nordindien, Sibirien, der Arktis oder in Japan beheimatet sind.

Die schamanische Technik par excellence, schreibt der Religionswissenschaftler Mircea Eliade in seinem, diesem Kapitel teilweise zugrunde liegenden, vortrefflichen Buch ›Schamanismus und archaische Ekstasetechnik‹, *besteht im Übergang von einer kosmischen Region zur anderen: von der Erde zum Himmel oder von der Erde zur Unterwelt. Der Schamane kennt das Geheimnis des Durchbrechens der Ebenen.*

Besagtes Geheimnis offenbart sich, vereinfacht ausgedrückt, in der Vorstellung, dass Himmel, Erde und Unterwelt durch eine Art »Mittelachse« verbunden sind. *Diese Achse*, so Eliade, *gilt als »Öffnung«, als »Loch«; durch dieses Loch steigen die Götter auf die Erde herab und die Toten in die unterirdischen Gefilde, durch dieses Loch vermag die Seele des in Ekstase befindlichen Schamanen aufzufliegen oder abzusteigen, wie er es bei seinen Himmels- oder Unterweltsreisen bedarf.* Die Rede ist von jenem kerzengeraden kosmischen Pfad, den der Schamane während seiner Initiation unzählige Male durchreist hat und der – kurz gesagt – vom schamanischen »Weltenbaum« auf direktem Weg hinaufführt zum: Polarstern!

Wer wie so viele archaische Kulturen den Himmel als Zelt wahrnimmt, der ist von der Vorstellung nicht weit entfernt, dass jener einzige Stern am Himmel, der scheinbar unverrückbar an stets derselben Stelle steht und um den sämtliche übrigen Gestirne in ewiger Kontinuität zu kreisen scheinen, den Himmel gleichsam wie ein gigantischer Pflock festhält. »Nagel des Himmels« nennt man den Polarstern folgerichtig bei den sibirischen Samojeden. »Nagelstern« bei den Finnen, Esten und den an der Beringstraße beheimateten Korjaken. Als »Eiserner Pfeiler« gilt der Polarstern den zwischen Lettland und Kasachstan angesiedelten Baschkiren. Als »gol-

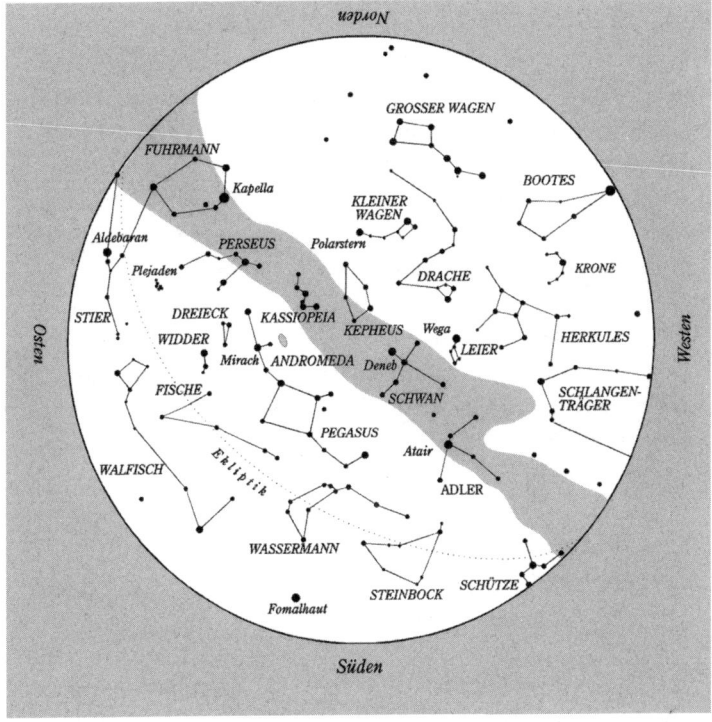

Der Herbsthimmel mit dem Polarstern im oberen Drittel

dene Säule« den mogolischen Burjäten. Sie alle eint mit so vielen anderen Völkern der Nordhalbkugel die Vorstellung einer zwischen dem Polarstern und dem »Weltenbaum« des Schamanen gespannten »Weltsäule«.

Von dieser Vorstellung zum nächsten »himmlischen« Phänomen ist es nun nur mehr ein winziger Schritt: Welcher Europäer, Nordamerikaner oder Asiat hätte nicht schon als Kind gelernt, dass man den Polarstern unschwer am Nachthimmel findet, indem man die Hinterachse des auffallendsten aller Sternbilder – des »Großen Wagen« – um das

---

Dass man dem »Polarstern« je nach Epoche und Hochkultur durchaus unterschiedliche Beachtung zollte, zeigen die ihm jeweils zugewiesenen Bezeichnungen. Mit ähnlicher Nüchternheit, wie sie etwa den »Großen Wagen« »Septem Triones« nannten (eigentlich: Sieben Ochsen; aus den Septemtriones wurde später die lateinische Bezeichnung für Norden), galt den Römern die »Stella Polaris« – wie auch uns – schlicht als »Nordstern«. Anders in Griechenland, wo man ihn je nachdem respektvoll als »Phönizier« oder despektierlich als »Kuodoura« (= Hundeschwanz) bezeichnete. Während derselbe Stern den Arabern als »al-Rukkabah« (= Reiter) gilt, sehen die Türken in ihm nicht mehr und nicht weniger als »Yildiz« (= Stern). Die schamanische Metaphorik findet sich indes auch an einer Stelle wieder, wo man sie nicht unbedingt vermuten würde. So lässt Friedrich Schiller im Drama ›Don Carlos‹ den Großinquisitor sagen:

Der Philipp, dessen feste Seele, wie
der Angelstern am Himmel, unverändert
und ewig um sich selber treibt?

Dabei scheint ein ganz anderes Phänomen für unsere Betrachtung viel bedeutsamer. Während wir besagten »Angelstern« ganz selbstverständlich an der Deichselspitze des »Kleinen Wagen« verorten, hatten die su-

Fünffache nach oben verlängert? Und wer hätte am glasklaren Nachthimmel nicht längst den Polarstern als »Handgriff« des »Kleinen Wagen« erkannt? Bleibt die Frage, aus wie vielen, mit bloßem Auge sichtbaren Sternen jene zwei, in direkter Korrespondenz zum Polarstern stehenden, Sternbilder jeweils gebildet werden? Die Antwort lautet bekanntlich: aus sieben.

Der Rest unserer Spurensuche löst sich scheinbar im Handumdrehen auf: Scheidet man nämlich jene Kulturen, in denen die mystische Sieben seit mindestens 2000 Jahren eine Rolle spielt, von jenen, in denen die Siebenmystik ursprünglich unbekannt ist, so landet man etwa bei jenem äquatornahen Breitengrad, von dem aus der Polarstern mit den beiden ihn umkreisenden Siebengestirnen schlicht und einfach nicht mehr zu sehen ist!

Dennoch wäre diese Erkenntnis im Rahmen unserer Betrachtung nicht viel wert, würde die mystische Sieben in den Vorstellungen der arktischen, nordeuropäischen, asiatischen oder nordamerikanischen Schamanen keine Rolle spie-

---

merischen und altägyptischen Astronomen noch eine ganz andere Wahrnehmung. Der Grund dafür liegt in einem unmerklichen »Schlingern« der Erde um ihre eigene Nord-Süd-Achse, welches dazu führt, dass sich die jeweilige Himmelsmitte aus irdischer Sicht alle paar tausend Jahre verschiebt. So wird unser derzeitiger Angelstern in rund 12 000 Jahren von der im Sternbild Leier angesiedelten »Wega« abgelöst worden sein, während bis zum Jahr 2800 vor Christus ein rund 300 Lichtjahre entfernter Stern namens »Thuban« das Himmelszelt in der Mitte »festhielt«. Was dieser Fakt für die Position unserer beiden »Siebengestirne« bedeutet, zeigt ein Blick auf die Sternenkarte: Thuban steht mittig zwischen »Kleinem« und »Großem Wagen«. Heißt: Aus Sicht der bronzezeitlichen Kulturen der nördlichen Hemisphäre wurde der »Nagelstern« unmittelbar von besagten zwei Siebengestirnen umkreist.

len. Davon indes kann nicht im Mindesten die Rede sein! So sprechen etwa die finnischen Ostjaken von den »sieben

> Unter den Mythen, die sich wie ein archaisches Weltkulturerbe quer durch Epochen und Kulturen erhalten haben, gehört der »Orpheus und Eurydike«-Mythos wohl zu den anrührendsten. Hier in ganz groben Zügen der Inhalt: Orpheus, der wohl berühmteste Barde der griechischen Mythologie, hatte mit seinem steinerweichenden Gesang die Herrscher der Unterwelt herumgekriegt, seine an einem Natternbiss verstorbene Geliebte Eurydike wieder herauszurücken – unter der Bedingung, dass er sich auf dem Weg in die Oberwelt der Lebenden nicht nach seiner Geliebten umsehen dürfe. Doch Orpheus hielt sich nicht an die Abmachung und verlor dadurch seine Geliebte auf immer. Wer hätte wohl daran gedacht, dass es sich bei diesem so typisch griechischen Mythos im Kern um ein schamanisch-indigenes Urmuster handelt, ähnlich wie die Urflut, die Toten- oder Unterwelt, die dort waltenden teuflischen Dämonen oder jene fegefeuerartigen Abgründe, die man nur auf allerschmalsten Pfaden zu überbrücken vermag – um nur einige wenige zu nennen. So erzählen sich etwa Tataren der Altai-Region die Geschichte von einem Mädchen namens Kubaiko, welches sich in die Unterwelt hinabbegibt, um den Kopf ihres von einem Ungeheuer enthaupteten Bruders – sprich: dessen Seele – hinaufzuholen. Eine andere Version des Orpheus-Mythos stammt aus dem Nordosten Chinas. Dort berichtet das Gedicht ›Nishan saman‹ von einer Schamanin namens Nishan, die zur Zeit der Ming-Dynastie auf der Suche nach einem auf der Jagd tödlich verunglückten Jüngling in die Totenwelt hinuntersteigt und dort die ärgsten Gefahren durchlebt. Mag sich hier wie dort noch ein geografischer Bezug zum Orpheus-Mythos der griechischen Antike herstellen lassen, so scheint eine vergleichbare Verbindung in Polynesien ausgeschlossen, wo der maorische Held Hutu in einem gleichfalls schamanisch inspirierten Mythos in die Unterwelt hinabsteigt, um jenes Mädchen namens Pare zurückzuholen, das sich seinetwegen umgebracht hat.

Kaminen des Himmelsgottes«, bezeichnen die Jugra-Völker des nördlichen Ural den schamanischen Weltenpfahl als »siebenfach geteilten Vater-Mann«. Die sibirisch-jurakischen Schamanen versehen ihre hölzernen Idole mit jeweils sieben Einschnitten, bevor sie ihnen am Fuße des gleichfalls siebenkerbigen Weltenbaums Opfer darbringen, und auch der ugrisch-nordrussische Schamane nimmt sieben Hilfsgeister auf seine »Himmelsreise« mit. Der altaische Schamane hat auf seiner – vom »Rauchloch« im Zentrum ausgehenden – Unterweltfahrt sieben Hindernisse zu überwinden, und Samojeden-Schamanen tragen sieben Glöckchen an ihrer Tracht, die die Stimmen der »sieben Himmelsmädchen« symbolisieren. Der Schamane der sibirischen Jenisseei kocht während seiner ekstatischen Reise »sieben fliegende Eichhörnchen«, während der Schamane der russischen Wogulen vor seinem Himmelsflug eine »siebenstufige Leiter« besteigt. Es findet sich die sumerische Vorstellung des siebengeschossigen kosmischen Berges (symbolisiert durch die Zikkurat) in der schamanischen Kultpraxis ebenso oft wieder wie die Vorstellung des siebenästigen Weltenbaums – oft repräsentiert durch eine siebenästige Birke –, und den meisten schamanisch-spirituellen »Himmelsreisen« auf der Norderdhalbkugel liegt dieselbe Vorstellung von sieben Himmelssphären zugrunde, wie wir sie seit »Babylon« in unterschiedlichen Religionen wiederfinden.

Mit einem Mal erscheint alles ganz logisch. Wenn die fundamentale religiöse Vorstellung eines Zentrums eindeutig archaischen Ursprungs ist – was ebenso für jegliche Ansätze von Sternenmystik gilt –, was hindert uns dann noch an der Annahme, dass eine aus dem schamanischen Sternenverständnis abgeleitete zentrale Stellung der Sieben aus den indigenen Kulturen der nördlichen Erdhalbkugel nach und nach in jene höheren Kulturen eingesickert ist, die sich ab dem fünften vorchristlichen Jahrtausend in Kleinasien, im

Nildelta, in Nordindien und im östlichen China zu bilden begannen? Ist nicht eine solch archaisch-schamanische Urvorstellung einer mystischen Sieben ungleich wahrscheinlicher als die umgekehrte Annahme, die »Zahl der Zahlen« sei um das Jahr 4000 vor Christus von sumerischen Priestern sozusagen »aus dem Nichts« erfunden worden und habe sich anschließend gleichsam urknallartig in alle Welt ausgebreitet?

Zu guter Letzt

Das kleine und das große »Aber«

Wenn es in der menschlichen Kulturgeschichte so etwas wie »ewige Wahrheiten« gibt, dann stößt man rasch auf die Binsenwahrheit, dass jede Erkenntnis mehr neue Fragen aufwirft, als sie beantwortet. Ähnlich wie die Entdeckung eines Planeten sofort Fragen nach dem Woher und Wohin, dem Alter, der Größe, der Entfernung oder der chemischen Konsistenz aufwirft, so geht es uns im Moment auch bei der Spurensuche nach den Wurzeln der magischen Sieben – vorausgesetzt, unsere auf Indizien gegründete Annahme schamanischer Ursprünge ist richtig. Daraus ergibt sich unmittelbar ein ganzes Bündel weiterer Fragen, zum Beispiel: Warum sticht die Sieben die Neun in Sachen Magie um ein Vielfaches aus, spielt diese doch im Schamanismus eine kaum minder große Rolle – Stichwörter: neun Himmelssphären, neunästiger Weltenbaum.

Wie erwähnt entwickelte die Neun in der Mythologie der Antike tatsächlich zunächst weitaus größere mystische Kraft als die Sieben – zum Beispiel die neun Musen –, aber etwa auch die neun Walküren der germanischen Mythologie. Die neunstöckige chinesische Pagode geht ebenfalls auf schamanische Ursprünge zurück, und sind nicht die neun Körperöffnungen der Menschen, der Vögel und fast aller Säugetiere unseren körperlichen Siebenbezügen (sieben Nackenwirbel, sieben Gesichtsöffnungen) zumindest ebenbürtig?

Oder ein anderes Beispiel aus der Physiologie: Lässt unser Körper bei oberflächlicher Betrachtung nicht eher auf ein sechs- beziehungsweise fünfteiliges Bauprinzip schließen (Kopf/Rumpf plus zwei Arme plus zwei Beine) als auf ein siebenteiliges?

Beeinflussen nicht die fünf Finger einer Hand ganz entscheidend das kindliche Zählvermögen, und gründet nicht gerade auch die Fünf auf ähnlich mystischem Urgestein wie die Sieben und die Neun? Man denke etwa an das auf Seite 22 abgebildete Pentagramm »zur Abwehr des Teufels«, an die fünf Bücher Mose, die fünf Säulen des Islam und seine fünf täglichen Pflichtgebete; dazu an jene uralten chinesischen

---

Wer sich mit Mythos und Magie der Zahlen befasst, begegnet früher oder später dem Begriff »Quintessenz«. Nicht dass alle Numerologie auf Letztere hinausliefe, dazu lässt besagte »Lehre« (von griechisch lógos) gar zu viele Interpretationsmöglichkeiten zu, deshalb wollen wir zum Thema besser nicht Numerologen befragen, sondern Kluges ›Etymologisches Wörterbuch der deutschen Sprache‹: Demnach rührt der Begriff vom Lateinischen »quinta essentia« (= das fünfte Seiende) her. Es waren die Alchimisten des Spätmittelalters, die den vier Elementen beziehungsweise jenen vier Säften, aus denen der Mensch nach antiken Vorstellungen zu bestehen schien, noch ein fünftes, spirituelles Element hinzufügten und damit den Menschen mit den mystischen Anforderungen des Pentagramms kompatibel machten.

Wer auch immer seinen Mitmenschen »ein X für ein U« vormacht, ist sich möglicherweise nicht bewusst, dass auch diese Redensart ursprünglich mit der Fünf zu tun hat. Stellt man nämlich für beide Großbuchstaben X und U die römischen Ziffern X (= 10) und V (= 5), so ergibt sich daraus der Sinn, »jemandem etwas Kleineres als etwas Größeres verkaufen«. Womit wir unversehens bei der Quintessenz moderner »Wachstums-Alchimie« angelangt wären. Aber das ist ein ganz anderes Thema.

Bezüge, von denen hier nur mehr die fünf Himmelsrichtungen, die fünf »klassischen Bücher«, die fünf Jahreszeiten und die fünf Tugenden erwähnt seien.

Und ist nicht überhaupt die Drei die göttliche Zahl par excellence? Man denke an die Trinitäten im Christentum (Vater, Sohn, Heiliger Geist), im Hinduismus (Brahma, Shiva, Vishnu), im alten Ägypten (Isis, Osiris, Horus) oder an das homerische Göttertriumvirat Zeus, Athene, Apollon. Diese Dreier-Häufung findet ihre archaische Entsprechung ursprünglich in den drei kosmischen Ebenen des Schamanismus. Und hat nicht überhaupt die »göttliche Drei« zur Hebung des Sieben-Renommees beigetragen, indem sie sich mit der »weltlichen Vier« zum mystischen Summenspiel Sieben vereinigte?

Wie schon erwähnt, ist beispielsweise der Buddhismus mehr von der Vier geprägt (Stichwort: »vier edle Wahrheiten«) als von der Sieben, der wir ausschließlich in den Buddha-Legenden begegnen. Nicht minder bedeutsam ist im Buddhismus die Acht (Stichwort: »achtfacher Pfad«) – jene Zahl, die in der Antike ebenso als Glückszahl angesehen war wie im heutigen China. Zu erwähnen wären auch die »vollkommene« Zahl Sechs (sechseckige Bienenwaben; sechsbeinige Insekten; sechsstrahlige Schneeflocken) und die nicht minder »vollkommene« Zehn (Dezimalsystem; Zehn Gebote), über die der römische Dichter Ovid befand:

Schon immer wurde diese Zahl geehrt,
entspricht sie doch der Zahl der Finger,
daran wir zählen.

Ganz zu schweigen von der Zwölf (man denke nur an die zwölf Jünger Jesu, an zwölf Monate, zwölf Stunden, zwölf mal fünf Minuten, zwölf mal fünf Sekunden, zwölf Sternzeichen und die zwölf Tierkreise des chinesischen Horoskops): Beeinflusst sie unser Leben nicht mehr, als es alle »Siebenen« dieser Welt je vermöchten?

Wie wahr! Und dennoch: wie irrelevant!

Im »real life« des 21. Jahrhunderts ist in den unterschiedlichsten Bereichen eindeutig die Sieben federführend und schlägt nach wie vor alle übrigen Zahlen locker aus dem Feld.

Und dieser immerfrische Appeal einer simplen Primzahl soll auf alte schamanische Wurzeln zurückweisen, auf eine bronzezeitliche Ära, als man Zahlen weder schreiben noch denken konnte, sondern allenfalls durch Kerben in Holzklötze, Fetische oder »Weltenbäume« kenntlich machte? Warum nicht? Auch das Rad verdankt seine immerfrische Präsenz schließlich nicht dem Umstand, dass es in grauer Vorzeit von irgendeinem zweibeinigen Fellträger erfunden wurde, sondern der Verbindung von genialer Konstruktion und deren unablässiger Bestätigung und Weiterentwicklung durch jede neue Epoche und Kultur.

Geht man davon aus, dass die mystische Sieben ursprünglich mit etwa den gleichen Startvoraussetzungen ins Rennen ging wie die Eins (Vollkommenheit; Gott), die Zwei (Gut und Böse; Yin und Yang), die Drei (Kosmische Zonen), die Vier (Materie, Himmelsrichtungen), die Fünf (Himmelsrichtungen plus »Zentrum«), die Sechs (Vollkommene Zahl: $1 + 2 + 3 = 1 \times 2 \times 3$), die Acht (sieben Himmelssphären plus Gott), die Neun (Schamanische Zahl; Potenzierung der kosmischen Drei) oder Zehn (Vollkommene Zahl: $1 + 2 + 3 + 4 =$ Gott + Dualität + Trinität + Materie), so muss wohl der Sieben tatsächlich eine dem Rad vergleichbare »Genialität« anhaften, die ihren Triumph über alle übrigen »mystischen Zahlen« erklärt.

Betrachten wir also die unterschiedlichen Aspekte dieser »Genialität« nochmals der Reihe nach:

1. Sternenmystik: Unabhängig von den offenkundigen schamanischen Ursprüngen dürfte die in Sumer/Babylon erfolgte Mystifizierung der sieben Wandelgestirne (sieben Himmel, siebenstufige Zikkurats) samt Mythologisierung (sieben Dämonen, sieben Stufen in die Unterwelt) und Verweltlichung der mystischen Sieben (sieben Meere, sieben Farben, sieben Flüsse) in der Tat entscheidend für die explosionsartige Ausbreitung der magischen Sieben gewesen sein. Beflügelt wurde dies durch die als »siebentägig« berechneten ...
2. Mondphasen: Die babylonisch-ägyptische Idee, das Jahr in siebentägige Abschnitte zu teilen und durch Monatsgliederung mit dem etwas länger als 365 Tage währenden Sonnenjahr kompatibel zu machen, wurde von anderen Kulturen nicht zuletzt deshalb beherzt aufgegriffen, weil unserem wandelbaren Erdtrabanten fast überall auf der Welt »Göttlichkeit« anhaftete. Dessen ungeachtet hätte sich mit dem Untergang der antiken Kulturen samt antiker Götterwelt jegliche Siebenmystik erledigt haben können, hätten nicht ...
3. die Religionen, allen voran der Hinduismus, das Judentum, das Christentum und der Islam die überlieferte Siebenmythologie aufgegriffen, angepasst, weiterentwickelt, in alle Welt verbreitet und somit in die Moderne fortgeschrieben. Je eifriger dabei an vorderster Front christliche Gnosis, jüdische Kabbalistik oder islamische Exegese mitwirkten, umso mehr traten mit einem Mal die besonderen ...
4. numerischen Eigenschaften der Sieben in den Vordergrund: So erwies es sich als buchstäblich »segensreich«, dass sich die zahllosen Siebenbezüge der Thora, der Bibel und des Koran gleichsam mathematisch belegen ließen – etwa indem man die »göttliche Drei« und die »weltliche Vier« zu einer Art »Weltformel« addierte. Dass sich besag-

te Trinitäten zugleich symmetrisch um das »Zentrum« (sprich: Gott) gruppierten, so man sie etwa wie folgt niederschrieb: I I I **I** I I I , bestätigte zudem jene von Seneca, Cicero und Cato beschworene Vollkommenheit, die die Sieben wie keine andere Zahl für die Zusammensetzung von Gremien prädestinierte und damit zur ...

5. Rundzahl par excellence machte: Egal ob man nun eine Stadt durch sieben Tore zugänglich machte oder die andere auf sieben Hügeln wähnte, ob man nach wie vor von »sieben Weltmeeren« sprach, von »sieben Weisen« oder »sieben Weltwundern«, ob man nur seine »Siebensachen« packte oder ob sich gar das ganze Heilige Römische Reich in sieben Kurfürstentümer gliederte: Längst war die Sieben mehr als nur eine arithmetische Rechengröße, sondern stand daneben symbolisch für Komplettheit beziehungsweise das Ganze. Kein Wunder, dass diese durch Religion und Weltlichkeit gestützte, durch Kolonialisierung und Missionsarbeit weltweit verbreitete Bedeutungsschwere sich auch im ...

6. Volksglauben, sprich im Aberglauben niederschlug: Wir finden sie in den Wetterregeln, in den Sagen, Märchen und den Spruchweisheiten. Mehr als je zuvor in der Menschheitsgeschichte war die Sieben damit buchstäblich in allen Köpfen. Ein Effekt, den der Schweizer Psychoanalytiker Carl Gustav Jung als ...

7. das kollektive Unbewusste bezeichnete: Dadurch fügte er der überlieferten Mystik noch ein tiefenpsychologisches Element hinzu. Gemeint ist jene Rätselhaftigkeit, die die Zahl Sieben dem kindlichen Lernprozess auf lange Sicht entzieht, wie die Ergebnisse zahlreicher Untersuchungen zur Bildung des Zahlbegriffs bei Kindern belegen. So mag dies auch ein Grund dafür sein, dass junge Menschen in Tokio, New York und Berlin unter den Zahlen Null bis Elf gar so oft der Sieben den Vorzug geben – jenes

Phänomen, das der englische Philosoph John Locke, wie schon erwähnt, bereits im 17. Jahrhundert konstatierte.

Bleibt am Ende die Frage, woran es wohl liegen mag, dass diese Betrachtung über die magische Sieben akkurat mit dem siebten Kriterium endet? Zufall, Magie, Tiefenpsychologie oder doch Absicht? Oder setzt sich am Ende auch hier ein geradezu zwanghafter Erklärungsdrang in Szene, der die Karriere der Sieben durch alle Epochen hindurch beflügelte und der uns allzu oft dazu verführt, Rationales mit Nicht-Rationalem zu assoziieren?

Bevor wir also der Versuchung erliegen, jene gehirnphysiologischen Wurzeln allen Aberglaubens gar als »zweite und dritte ewige Wahrheit« zu bezeichnen und am Ende bei »sieben ewigen Wahrheiten« stranden, soll diese Betrachtung doch besser mit der »närrischen« Logik aus William Shakespeares ›König Lear‹ enden:

Narr: Die Ursache, warum das Siebengestirn nicht mehr als sieben Sterne hat, ist eine artige Ursache.
Lear: Weil es nicht acht sind.
Narr: Das ist es, in der Tat – du würdest einen feinen Narren abgeben.

Literaturverzeichnis

Allgemeine Literatur

Andrian-Werburg, Ferdinand von: *Die Siebenzahl im Geistesleben der Völker*, in: *Prähistorisches und Ethnologisches, Gesammelte Abhandlungen von Ferdinand Freiherrn von Andrian-Wernburg*, Wien: Anthropologische Gesellschaft 1915

Arens, Werner/Braun, Hans-Martin: *Die Indianer Nordamerikas. Geschichte, Kultur, Religion*, München: C.H.Beck 2008

Bischoff, Erich: *Mystik und Magie der Zahlen*, Wiesbaden: Fourier 1994

Boll, Franz: *Die Lebensalter. Ein Beitrag zur antiken Ethologie und zur Geschichte der Zahlen*, Leipzig/Berlin: Teubner 1913

Cassirer, Ernst: *Die mythische Zahl*, in: Ernst Cassirer: *Philosophie der symbolischen Formen. 2. Teil. Das mythische Denken*, Hamburg: Meiner 2002

Cheiro: *Das Buch der Zahlen*, Freiburg: Bauer 1964

Eliade, Mircea: *Schamanismus und archaische Ekstasetechnik*, Frankfurt am Main: Suhrkamp 1975

Eliade, Mircea: *Mythos und Wirklichkeit*, Frankfurt am Main: Insel 1988

Faure, Paul: *Magie der Düfte. Eine Kulturgeschichte der Wohlgerüche*, München: Deutscher Taschenbuch Verlag 1992

Fliess, Wilhelm: *Der Ablauf des Lebens. Grundlegung zur exakten Biologie*, Leipzig: Deuticke 1923

Fritz, Karl August (Hrsg.): *Weisheiten der Völker. Sprichwörter und Spruchweisheiten, Märchen und Mythen, Fabeln, Legenden und Poesie aus dem Orient, Asien, der Südsee, Amerika, Afrika und Europa*, Köln: Parkland 2003

Gauguin, Paul: *Noa Noa. Voyage de Tahiti. Récit de P. Gauguin*, Paris: Crès et Cie. 1929

Granet, Marcel: *Das chinesische Denken. Inhalt, Form, Charakter*, München: Deutscher Taschenbuch Verlag 1984

Großfeld, Bernhard: *Zeichen und Zahlen im Recht. Zahlen in Rechtsgeschichte und Rechtsvergleichung*, Tübingen: Mohr Siebeck 1995

Haid, Hans: *Mythen der Alpen. Von Saligen, Weißen Frauen und Heiligen Bergen*, Wien: Böhlau 2006

Hartner, Willi: *Zahlen und Zahlensysteme bei Primitiv- und Hochkulturvölkern*, Sonderdruck aus: *Paideuma, Mitteilungen zur Kulturkunde*, Bd. II, Heft 6/7, 1943, Leipzig: Harrassowitz 1943

Hehn, Johannes: *Siebenzahl und Sabbat bei den Babyloniern und im Alten Testament. Eine religionsgeschichtliche Studie*, Zentralantiquariat der DDR, Leipzig 1968

Helfritz, Hans: *Amerika. Inka, Maya und Azteken*, Wien: Ueberreuter 1996

Heller, Adolf: *Biblische Zahlensymbolik*, Heilbronn: Geyer 1990

Hinterseer, Georg: *Erde, Mond und Sterne. Altbayerische Holz- und Wetterregeln*, Ruhpolding: G. Hinterseer 1982

Hopkins, Edward Washburn: *The religions of India*, New Delhi: Manshiram Manoharlal 1977

Kloft, Hans: *Mysterienkulte der Antike. Götter Menschen Rituale*, München: C.H.Beck 2006

Köhler, Ulrich: *Kosmogonie*. In: Walter Hirschberg (Hrsg.): *Wörterbuch der Völkerkunde*, Berlin: Reimer 2005

Kriss, Rudolf/Kriss-Heinrich, Hubert: *Volksglaube im Bereich des Islam*. 2. Band: *Amulette, Zauberformeln und Beschwörungen*, Wiesbaden: Harrassowitz 1962

Landa, Gertrude (»Aunt Naomi«): *Jewish Fairy Tales and Legends*, New York: Bloch 1925

Lingen, Helmut (Hrsg.): *Auf den Spuren versunkener Reiche. Glanz und Rätsel großer Kulturen*, Köln: Lingen 2005

Marquet, Yves: *La Philosophie des Ihwan al-Safa*, Algier: Societé Nationale d'Édition et de Diffusion 1975

Marzolph, Ulrich: *Typologie des persischen Volksmärchens. Beiruter Texte und Studien Band 31*, Wiesbaden: Steiner 1984

Menninger, Karl: *Zahlwort und Ziffer. Eine Kulturgeschichte der Zahl*, Göttingen: Vandenhoeck & Ruprecht, 1957/1958

Meyer, Heinz: *Die Zahlenallegorese im Mittelalter. Methode und Gebrauch*, München: Fink 1975

Nilsson, Martin Persson: *Geschichte der griechischen Religion. Die Religion Griechenlands bis auf die griechische Weltherrschaft*, In: Handbuch der Altertumswissenschaft, München: C.H.Beck 1988

NÖ Landesregierung, Amt der (Hrsg.): *Peru durch die Jahrtausende. Kunst und Kultur im Lande der Inka*, Wien: 1983

Paneth, Ludwig: *Zahlensymbolik im Unbewussten*, Zürich: Rascher 1952

Pinson, Roland W.: *Schwänke und Streiche. Schelmen- und Narrengeschichten des 13. bis 19. Jahrhunderts*, Bayreuth: Gondrom 1981

Reichstein, Herbert: *Praktisches Lehrbuch der Ariosophischen Kabbalistik*, Pforzheim: Reichstein 1931

Reichstein, Herbert: *Praktisches Lehrbuch der Kabbala. Magie und Mystik der Namen und Zahlen*, Berlin: Schikowski 1954

Riess, Anita P. (Hrsg.): *Psychologie der Zahl*, München: Kindler 1973

Ripota, Peter: *Die magische Sieben*; Quebbemann, Britta: *Wunderbare Welt, Auf der Spur von Herodot & Co*; Haase, Michael: *Wie baut man ein Weltwunder?*; Küster, Yvonne: *Der Traumpark der Semiramis*; Blumenthal, P.J.: *Der lebendige Gott*; Dönike, Ulrich: *Kunst im Visier von Attentätern*; Merker, Sigurd: *Künstler & Bauherren*; Gühlich, Dorette: *Der Mausolos in uns*; Stegers, Wolfgang: *Die Mutter aller Leuchttürme*; Pahl, Herbert: *Höher hinaus, Kolossale Propaganda*; *Die Suche nach dem Koloss* (Interview mit der

Archäologin Ursula Vedder), alle in: P.M. Perspektive
1/2010, München (Verlag: Gruner + Jahr)

Roscher, Wilhelm Heinrich: *Die hippokratische Schrift von der Siebenzahl und ihr Verhältnis zum Altpythagoreismus. Ein Beitrag zur Geschichte der ältesten Philosophie und Geographie*, Leipzig: Teubner 1919

Roscher, Wilhelm Heinrich: *Die Sieben- und Neunzahl im Kultus und Mythus der Griechen nebst einem Anhang: Nachträge zu den »enneadischen und hebdomadischen Fristen und Wochen« enthaltend*, in: *Abhandlungen der Königlich Sächsischen Gesellschaft der Wissenschaften*, Leipzig: Teubner 1906

Schimmel, Annemarie/Endres, Franz C.: *Das Mysterium der Zahl. Zahlensymbolik im Kulturvergleich*, München: Diederichs 1995

Schwab, Gustav: *Die schönsten Sagen des klassischen Altertums*, München: Droemer (Sonderausgabe für den Europäischen Buchklub Salzburg) ohne Jahreszahl

Sethe, Kurt: *Von Zahlen und Zahlworten bei den alten Ägyptern und was für andere Völker und Sprachen daraus zu lernern ist. Ein Beitrag zur Geschichte von Rechenkunst und Sprache*, Straßburg: Trübner 1916

Stähle, Karl: *Die Zahlenmystik bei Philon von Alexandreia*, Leipzig/Berlin: Teubner 1931

Stenzel, Julius: *Zahl und Gestalt bei Platon und Aristoteles*, Leipzig: Teubner 1924

Swoboda, Hermann: *Das Siebenjahr. Untersuchungen über die zeitliche Gesetzmäßigkeit des Menschenlebens*. Band 1, Wien/Leipzig: Orion 1917

Weinreb, Friedrich: *Zahl, Zeichen, Wort. Das symbolische Universum der Bibelsprache*, Weiler: Thauros 1999

Weissweiler, Eva: *Wilhelm Busch. Der lachende Pessimist. Eine Biographie*, Köln: Kiepenheuer & Witsch 2007

Zimmermann, Albert (Hrsg.): *Mensura. Mass, Zahl, Zahlensymbolik im Mittelalter*, Berlin: de Gruyter 1983/84

Enzyklopädien

Brednich, Rolf Wilhelm/Bausinger, Hermann: *Enzyklopädie des Märchens: Handwörterbuch zur historischen und vergleichenden Erzählforschung*, Berlin: de Gruyter 1977
Cancik, Hubert (Hrsg.): *Der Neue Pauly. Enzyklopädie der Antike*, Stuttgart: Metzler 1996–2007
dtv-Lexikon der Antike, München: Deutscher Taschenbuch Verlag 1969-71
Gottschalk, Herbert: *Lexikon der Mythologie der europäischen Völker. Götter, Mysterien, Kulte und Symbole, Heroen und Sagengestalten der Mythen.* Berlin: Safari 1973
Harmening, Dieter: *Wörterbuch des Aberglaubens*, Stuttgart: Reclam 2009
Hoffmann-Krayer, Eduard/Bächtold-Stäubli, Hanns (Hrsg.): *Handwörterbuch des deutschen Aberglaubens*, Darmstadt: de Gruyter 1999
Illustriertes Lexikon der Mythologie: Stuttgart: Parkland 1993
Kluge. Etymologisches Wörterbuch der deutschen Sprache (bearbeitet von Elmar Seebold), Berlin: de Gruyter 2002
Lexikon der indischen Mythologie. Mythen, Sagen und Legenden, München: Heyne 1994
Roscher, Wilhelm Heinrich (Hrsg.): *Ausführliches Lexikon der griechischen und römischen Mythologie*, Hildesheim: Olms 1992/1993
Die Zeit: *Das Lexikon in 20 Bänden*, Hamburg: Zeitverlag Gerd Bucerius 2005

Web-Dokumente, E-Texte

Andersen, Hans Christian: *Märchen*, Projekt Gutenberg: http://gutenberg.spiegel.de/
Avesta. Ancient scriptures of Zoroastrianism, http://www.avesta.org/

Basile, Giambattista: *Das Pentameron*, Projekt Gutenberg: http://gutenberg.spiegel.de/

Baum, Lyman Frank: *The Wonderful Wizard of Oz*, Project Gutenberg: http://www.gutenberg.org/

Burton, Richard Francis (Übers.): *The Book of The Thousand Nights And A Night. Volume 01 16*, Project Gutenberg: http://www.gutenberg.org/

Collodi, Carlo: *Le avventure di Pinocchio. Storia di un burattino*, Wikisource: http://it.wikisource.org/

Der Heilige Koran, IntraText Digital Library: http://www.intratext.com/

Der Rig-Veda, Thombar's Rig-Veda-Seite: http://www.thombar.de/

Dhammapada, Access to Insight, John T. Bullitt, Deutsche Übersetzung: http://www.dhammapada.de/

Die Bibel (Elberfelder Übersetzung von 1855/1871), Die Bibel: http://www.diebibel4you.de/

Enuma elish, Marduk schafft den Menschen, Universität Duisburg-Essen, Institut für Evangelische Theologie: http:www.http://www.uni-due.de/

Gilgamesch. Epos und Erläuterungen, Pinselpark: http://www.pinselpark.de/

Goethe, Johann Wolfgang von: *Faust. Der Tragödie Erster Teil*, DigBib.Org: Die freie digitale Bibliothek: http://www.digbib.org/

Grimm, Jacob und Wilhelm: *Kinder- und Hausmärchen*, E-Text aller sieben Auflagen von 1812/15 bis 1857, Wikisource: http://de.wikisource.org/

Hekaya. Fabeln. Märchen. Sagen, http://www.hekaya.de/

Hesiodos: *Theogonie*, Zeno.org, Meine Bibliothek: http://www.zeno.org/

Homer/Johann Heinrich Voß (Übers.): *Ilias*, DigBib.Org: Die freie digitale Bibliothek: http://www.digbib.org/

Homer/Johann Heinrich Voß (Übers.): *Odyssee*,
DigBib.Org: Die freie digitale Bibliothek:
http://www.digbib.org/

Jacobs, Joseph: *English Fairy Tales, Indian Fairy Tales, Celtic Fairy Tales*, alle: Wikisource: http://en.wikisource.org/

Langholf, Volker: *Structure and Genesis of Some Hippocratic Treatises*, Universität Hamburg: www.uni-hamburg.de/

Leben und Werk der Brüder Grimm, Brüder Grimm-Gesellschaft, Brüder Grimm-Museum Kassel: http://www.grimms.de/

Mader, Elke: *Mythen in Lateinamerika. Ethnologische Mythenforschung*, pdf-Dokument, Quelle: Lateinamerika-Studien online: http://www.lateinamerika-studien.at/

Trachtenberg, Joshua: *Jewish Magic and Superstition*, Elektronische Neuauflage des erstmals 1939 erschienenen Werks: www.forgottenbooks.org/

Dank

Mein besonderer Dank gilt den vier Menschen, die bei der Realisierung des vorliegenden Buches besonderen Anteil hatten: Bernhard Kastner, Redakteur des BR (RadioWissen), indem er mir 2005 den Auftrag für ein Radio-Feature über die »Sieben« gab und damit den Keim für das vorliegende Buchprojekt legte. Katharina Festner, »die Hüterin der Schwelle« in Sachen Sachbuch bei dtv, für ihr beherztes Zugreifen auf Grund einer gerade mal sieben-(!)-seitigen Outline. Meiner Maresi für ihre bewundernswerte Nachsicht gegenüber einem monatelang in »magischen« Sphären schweifenden Partner. Und Olaf Benzinger für sein aufmerksames, sachkompetentes und Gott sei Dank von ähnlichem Humor getragenes Lektorat!

Bildnachweis

S. 21   US Department of Defense
S. 23   CCL/Friedhelm Wessel
S. 34   Grafik Claudia Geyer
S. 42   Toho Studios, Tokyo
S. 51   NASA
S. 61   GNUL/Dr. Meierhofer
S. 84 r. CCL/Proesi, de:bild
S. 87   GNUL/Philippe Chavin
S. 97   GNUL/Neitram
S. 165   GNUL/Dbachmann
S. 166   GNUL/Kartenwerkstatt Alexrk2
S. 171   akg-images
S. 175   Grafik Martin Rothe

Alle anderen Abbildungen stammen aus dem Archiv des Autors.

Stichwortverzeichnis

Aberglaube 27, 127, 186
Achtfacher Pfad 15, 99, 144, 183
Ägypten 81f., 90, 100, 122, 126
Altes Testament (Bibel) 77, 87, 93, 134, 158f.
Amesha Spentas, sieben 92
Andersen, Hans Christian 70
Andrian-Werburg, Ferdinand von 132, 148f., 152, 159
Angelsächsische Chronik 10
Anime 8, 55, 57
Apollo 7 50, 51
Apollon 51, 98ff.
Aristoteles 19
Astrologie 104, 183
Astronomie (Babylon) 107
Atlantis 143
Australische Märchen 71
Avenged Sevenfold (Musikband) 52
Avesta 93, 97
Azteken 159, 161

Babylon 80, 91ff., 127ff., 132, 134, 185

Babylonisches Exil 80, 93
Bach, Johann Sebastian 52
Baltimore-Classification 115, 145
Basile, Giambattista 63
Basis-Einheiten, sieben 116
Bechstein, Ludwig 65
Beringstraße 165
Berlinale 40
Berufungsgericht (UN) 38
Bibel 185
Blueseven Phenomena 57
Böse Dreizehn 27
Böse Sieben 28, 149, 159
Böse Siebzehn 16f.
Böse Zahlen 17
Bridge 45
Britische Märchen 68
Brüder Grimm 59–64
Buch mit den sieben Siegeln 7
Buchtitel mit »Sieben« 53ff.
Buddha 7, 10
Buddhismus 15, 97ff., 144, 170, 183
Bundesgericht (US) 37
Bundesrat (Schweiz) 38

Caesar, Gaius Julius 136
Cato der Ältere 136, 186
Chakras, sieben 7, 96
Chinesische Märchen 72
Chirac, Jacques 35
Christentum 93, 126, 183, 185
Chunks, sieben 116f.
Cicero, Marcus Tullius 9, 101, 186
Circle 7 logo 34
Connery, Sean 42f.

Dämonen, sieben 126, 132, 185
Daoismus 98, 126, 156, 170
Darwin, Charles Robert 111
Das Fähnlein der sieben Aufrechten (Novelle) 54
Das Haus der sieben Sünden (Filmtitel) 41
Das siebente Siegel (Filmtitel) 41
Das tapfere Schneiderlein 59
Das verflixte siebente Jahr (Filmtitel) 41
Das verflixte siebente Jahr (Redewendung) 7
Delphi (Orakel) 98
Der Wolf und die sieben Geißlein 59, 63
Dhammapada 99
Die Chroniken von Narnia (Buch- und Filmtitel) 55
Die glorreichen Sieben (Filmtitel) 42
Die Göttinger Sieben 60
Die sieben Chaos-Diamanten (Anime, Videospiel) 55
Die sieben Raben 77
Die sieben Samurai (Filmtitel) 7, 42
Die sieben Schwaben 59
Die sieben Töchter Evas (Buchtitel) 53
Die Siebenzahl im Geistesleben der Völker (Buchtitel) 132
Diffusionstheorie 131, 148, 160, 164
Döbereiner, Johann W. 114
Dragon Ball (TV-Anime-Serie) 55
Dream Number (UK-Lotterie) 47
Drei (magische Zahl) 27
Dudelsack 52
Düfte, sieben 131

Einkunftsarten (Steuerrecht) 48
Ekstase 170
Elektronik 112–115
Elemente, vier 18–20, 104, 182

Empedokles 18f., 104
Enuma elisch 128f.
Erzengel, sieben 29, 89
Esoterik 138
Eureka Seven (TV-Serie) 56
Euromillionen 47
Exegese (Bibel) 89, 105
Exegese (Koran) 90f., 126, 185
Exegeten 21f.
Exodus (Shemot) 82, 86

Farben, sieben 130, 185
Fegefeuer (sieben Stufen) 89, 133
Fette/magere Jahre, sieben 7, 82, 90,
FIFA 39
Flöteninstrumente 52
Flüsse, sieben 80, 130, 185
Freiheitsstatue 8, 31
Freitag, der 13. 16
Frisbee 43, 45
Fünf (Magische Zahl) 19ff., 27
Fünf Klassiker (Konfuzianismus) 98, 109

G7 (Taxigenossenschaft) 35
G7 (Wirtschaftsgipfel) 39
Galenus 19, 111
Garbo, Greta 108f.

Gates, William Henry (Bill) 114
Gauguin, Paul 150–153, 156
Gauß, Carl Friedrich 143
Geburtstagszahlen 14
Geißlein, sieben 10, 59, 63
Genesis (Bereshit) 81, 86
Gilgamesch-Epos 124, 126
Glücksbringer 16
Glückszahlen 14ff., 28f., 183
Gnosis, Gnostiker 18f., 22
Grand Prix d'Eurovision de la Chanson 40
Grimms Märchen 59–64, 77
Großer Bär/Wagen (Sternbilder) 107, 124, 163
Gründungsmitglieder, sieben 39
Gute Sieben 28, 149, 159

Hammurapi 127
Harry Potter 8, 55
Hauff, Wilhelm 67
Heilige Städte 96
Heiliger Geist (Die sieben Gaben) 89
Hellas 98–101
Herodot 91, 129, 140
Hesiod 132
Hexeneinmaleins (Faust) 25

Hexenmarkt (La Paz) 29
Himmel, sieben, siebter 7,
 10, 29, 79f., 90, 119,
 130, 132ff., 149, 179,
 184f.
Himmelsrichtungen 20,
 162
Himmelsscheibe (Nebra)
 164f.
Himmelstore, sieben 133
Hinduismus 7, 9, 94ff.,
 126, 134, 156, 170,
 185
Hippokrates 19, 101ff.,
 110
Höchstgerichte (sieben
 Mitglieder) 38
Hochzeitsdatum 07.07.07
 13
Holzblasinstrumente 52
Homer 132
Hunderassen 48
Hure Babylon 128f.
Hydra, siebenköpfige 7,
 100

Indianische Siebenbezüge
 161ff.
Indigene Märchen 72
Indigene Mythen 153–157
Indische Märchen 73
Indus-Hochkultur 100,
 122, 173
Initiation (Schamanen) 172

Inkas 158
Innana, Ischtar 123f.
Islam 93, 96, 126, 134,
 185
Ismaeliten (Sieben-Schiiten)
 91

James Bond 007 7, 42f.
Japanische Reichsbibliothek
 30
Jericho 85
Jerusalem 80
Jesus Christus 7, 77, 87,
 89
Judentum 7, 21, 77, 80,
 83–86, 89, 91f., 96, 98,
 119, 126, 129, 185
Jung, Carl Gustav 11, 76,
 186

Kabbala, Kabbalistik 22f.,
 83, 126, 134, 185
Kabbalisierung
 (Numerologie) 24
Kamerun (Märchen) 72
Kampfgerichte (Sport) 43,
 45
Kinder-Überraschung 36
Klassifizierung (Fauna) 48,
 112, 145
Kleiner Bär/Wagen (Stern-
 bilder) 107, 124
Kollektives Unbewusstes
 11, 76, 186

Konfuzianismus 20, 98, 126
Kontinente, sieben 130, 144
Koran 77, 89, 90, 185
Koreanische Märchen 71
Kosmische Säule 173, 176
Kosmische Zahl 29
Kosmischer Berg 91, 173
Kristallsysteme 116
Künste, sieben freie 117, 145–148
Kurfürsten, sieben 10, 89, 105, 186

L'âge de raison 87
Laotse 98
Laubhüttenfest 85
Le septième art (Filmkunst) 148
Lebenszielzahl 25
Lieblingszahl 15, 58
Lincoln-Center 30
Linné, Carl von 48f., 112f., 145
Locke, John 118, 187
Logische Gitter (Logic Gates) 114
Lotterien 47
Lotto 14
Lotus Seven 35
Lunare Zyklen 119
Lyra (Apollon) 51, 99

Magere/fette Jahre, sieben 7, 82, 90,
Magische Quadrate 26f.
Mah Jongg 47
Manga und Anime 8, 55, 57, 138, 148
Märchen und Sagen (Siebenbezüge) 59–78
Marduk 129
Max und Moritz 54
Mayas 100
Meere, sieben 80, 130, 132, 185
Mendel, Gregor 112
Mendelejew, Dmitri I. 114
Menora 7, 77, 83f.
Merkmalpaare, sieben (Vererbungslehre) 112
Mesopotamien 122, 125ff., 132f., 166, 173
Metalle, sieben 130
Mexikanische Märchen 71
Millenium-Probleme (Mathematik) 50
Miller, George A. 116
Mithras, Mithraskult 9, 86f., 92, 133
Mitte, Zentrum 168, 170, 173, 179
Mohammed 75, 88, 91
Mondphasen 17, 108, 124, 128, 145, 185
Moore, Roger 43
Moschee, siebentürmige 90

Mose, Die fünf Bücher 21,
81, 86, 182
Musen 132, 181

Nackenwirbel, sieben 8, 110
Neu Delhi (Stadt der sieben
Städte) 73
Neues Testament (Bibel)
77, 87ff.
Noah 81, 90
Number 7 (Zigaretten-
Label) 34
Numerologie 24f., 104f.,
111, 129, 182

Odyssee 100, 132
Offenbarung des Johannes
(Apokalypse) 88, 129
Olmedo (Stadt der sieben
Siebenen) 73, 137
Orakel 24, 98
Orpheus 18, 101, 125, 178
Orphiker 18

Pacific Islands Forum 40
Pagode 181
Pech, sieben Jahre 28
Pentagon 20
Pentagramm 20f., 182
Pentateuch 21, 81, 86, 182
Periodensystem 114
Perrault, Charles 62
Pfeifenzeremonie 162f.,
168

Philon von Alexandria 109
pH-Wert 7 8, 110
Physiologische Siebenbezüge
108, 110f.
Platon 19
Pleiaden (Siebengestirn)
90, 100, 107, 124, 134,
145, 163, 187
Polarstern 174–177
Polnische Märchen 71
Präsidialamtszeit (sieben
Jahre) 8, 36f., 145
ProSieben (Pro7) 7, 33
Provençalische Märchen 72
Pyramiden 128, 138–141,
168, 173
Pythagoräer 18

Qualitätswerkzeuge (Q7)
50, 115

Ratsfeuer, sieben 161
Redensarten 27, 182
Regenbogen 8, 106, 144,
153
Reichstein, Herbert 24
Religionen (Siebenbezüge)
79–102
Repräsentantenhaus (US)
37
Rigveda 94ff., 134
Rishi, sieben 10, 94, 96,
134
Rom (sieben Hügel) 134f.

Rostocker Kennewohrn 73
RTL 7 34
Rundzahl 119, 186

Sabbat, Sabbatjahr 77, 85
Sakramente, sieben 77, 79, 89
Samurai, sieben 7, 42
Saturnalien 136
Schabattu 128
Schamanismus 29, 123f., 168–180, 183f.
Schicksalszahlen 15
Schmerzen Marias, sieben 89
Schneewittchen und die sieben Zwerge 7, 59, 63ff.
Schöpfungsgeschichte (Bibel, Thora) 22, 77, 83
Schöpfungsgeschichte (Koran) 90
Scipio 136
Scrabble 45
Se7en (Filmtitel) 40
SE7EN (R & B-Sänger) 52
Seelenreise 172f.
Semiramis 128
Seneca, Lucius Annaeus 9, 136, 186
Sephiroth 22f., 83
Septem Triones (Großer Bär/Wagen) 176

Septemvirat 10, 38, 145
Septennat 35
Septième Art 41, 117
Septuaginta (Bibelübersetzung) 86
Seven 7 for all mankind 34
Seven Brides for Seven Brothers (Filmtitel) 41
Seven Little Monsters 56
Seven Network 34
Seven Sisters (US-Colleges) 31
Seven-Eleven (Kartenspiel) 35, 47
SevenUp 11, 32
Shanghai International Film Festival 40
Sheriffstern 31, 144
Shintoismus 126
Sibirische Märchen 72
7 Flushing Express 35
7 Flushing Local 35
7 Rugby 44
7*7*7 Jeans 34
7-Bit-Zeichensatz (ASCII) 117f., 145
7-Eleven (Einzelhandelskonzern) 35
Sieben (Filmtitel; sh. Se7en) 140
Sieben Fakultäten (Universität) 38, 57
Sieben Freuden Marias 89

Sieben Jahre in Tibet (Buch- und Filmtitel) 41, 140f.
Sieben Leben (Filmtitel) 41
Sieben Leben einer Katze 29
Sieben letzte Worte Jesu 7, 77
Sieben Weise 101, 106f.
Siebenbändige Werke (Bücher) 8, 10, 55, 104
Siebenbezogene Riten (Islam) 90
Siebenbrücken-Städte 73, 138
Siebenbürgen 73
Siebeneck 9, 143
Siebenfaches Credo 51
Siebengebirge 76, 137
Siebengescheit 8
Siebengestirn (Pleiaden) 90, 100, 107, 124, 134, 145, 163, 187
Siebengliederung (Verwaltung) 56
Siebengottheit 126
Sieben-Höhlen-Mythos 100, 159, 161
Siebenhügel-Städte 73, 134–137, 186
Siebenjahrespläne 50
Siebenjahresteilung (Leben) 57, 109
Siebenjahresverträge (Hollywood) 42
Siebenjährige Fristen 56, 126, 132
Siebenjährige Garantie 8
Siebenjährige Laufzeiten 57
Siebenjährige Zyklen 57
Siebenjähriger Krieg 141
Siebenkampf 44
Siebenköpfige Gremien 10, 38f., 145
Siebenköpfige Schlange 126
Siebenmeilenstiefel (Märchen) 59, 63
Siebenmeilenstiefel (Metapher) 7
Siebenmeter (Feldhockey, Hallenhandball) 43
Siebenmonatsfristen 126
Siebenpunkt-Marienkäfer 138
Siebensachen 7, 186
Sieben-Schiiten sh. Ismaeliten
Siebenschläfer 7, 138
Siebenstern (Primelgewächs) 138
Siebentagefieber 145
Siebentagefristen 126
Siebentagekrieg 141
Siebenwochenkrieg 141
Siebzehn sh. Böse Siebzehn
Siete Partidas 38
Signalisierungssystem 7 50
Single-Schallplatte 52

Sinn, siebenter 7, 141
Sintflutmythos 81, 125
Skat 45
Snooker 44f.
Solon 106
Songtitel mit »Sieben« 52
Sonnenjahr 185
Speisung der Viertausend 10, 87
Spiegel, zerbrochener 7, 28
Spiel 77 7, 47
Stadttore, sieben 73
Steiner, Rudolf 109
Sternbilder, siebenzählige 164
Sternenmystik 185
Sternenmythen 162f.
Steuerberaterprüfung 48
Stuttgarter Liederhalle 30
Sufismus 96
Sumer 121–127, 134, 149, 164, 185
System 7 (Betriebssystem) 33
System 7 (Musikband) 53

Talmud 134
Tanach, Tenakh 79, 85
Tangram 46f.
Tarot 16
Tausendundeine Nacht 74ff., 95
Temperamentenlehre 103

Thales 106
The 7-Year-Itch (Filmtitel) 41
The seven phenomena 118
The Seventh Sign (Filmtitel) 41
Theben (sieben Tore, sieben Feldherren) 100
Thora 79f., 85f., 90f., 93, 185
Todsünden, sieben 7, 79, 89, 140
Tonleitern, siebenstufige 8, 52, 118, 144
Trinität (Religion) 9, 183f., 186
Triskaidekaphobie 16
Tugenden, sieben 31, 89, 105
Turm zu Babel 131
2By2 (US-Lotterie) 48

Unglückszahlen 14ff., 27
Unterwelttore, sieben 133

Vaterunser (die sieben Bitten) 89, 105
Veden 94f.
Verarbeitungskanäle (sh. Chunks), sieben 116f., 144
Vier (Magische Zahl) 18f.
Viersäftelehre 19
Volksbräuche 92

Volksglaube 27, 138, 186
Volksmärchen 75f.
Vollkommene Zahlen 26, 183f.
Vorstände (siebenköpfig) 39

Waldorfpädagogik 109
Walküren 181
Wandelgestirne 124, 185
Warren-Kommission 38
Weihestufen, sieben 87, 133
Weise, sieben 96, 99, 106f., 132, 134, 142, 186
Weisheit (sieben Säulen; Bibel) 85
Weltenbaum 171, 173, 179
Weltformel 185
Weltmeere, sieben 143, 186
Weltreligionen 8, 21, 77, 80, 156, 185
Weltwirtschaftsgipfel G7 39

Weltwunder der Antike, sieben 86, 101, 128, 134, 138–141, 186
Winde, sieben 129
Windows 7 8, 32f.
Wochentage 108
Wolke sieben 29
Wunden Jesu, sieben 89
Würfel 47, 119

Yin und Yang 99, 104, 156, 184

Zahlenlotto 47
Zahlenmagie, Zahlenmystik 24, 26
Zarathustra 93
Zehn Gebote 183
Zhuangzi (Daoismus) 99
Zikkurat 10, 91, 93, 96, 123, 167, 173, 179, 185
Zoroaster, Zoroastrismus 92f., 97, 126, 134
Zwerge, sieben (Schneewittchen) 7, 59, 63ff.